AF343845

TABLEAU

DES PEUPLES

QUI HABITENT L'EUROPE,

ET

DES RELIGIONS

QU'ILS PROFESSENT.

DE L'IMPRIMERIE DE J. H. STÔNE.

TABLEAU

DES PEUPLES

QUI HABITENT L'EUROPE,

CLASSÉS D'APRÈS LES LANGUES QU'ILS PARLENT,

ET

TABLEAU DES RELIGIONS

QU'ILS PROFESSENT;

PAR FRÉDÉRIC SCHOELL.

SECONDE ÉDITION, entièrement refondue, et augmentée de Supplémens sur l'analogie de la langue indienne avec le grec, le latin, le persan et l'allemand; sur l'accent propre aux langues du Nord; sur les révolutions qu'a éprouvées dans ses significations le mot de *Saxe*; sur l'origine de la langue françoise, sur le génie de la langue turque; sur la mythologie scandinave; sur les traditions des Juifs, etc.;

AVEC UNE CARTE GÉOGRAPHIQUE.

....

PARIS,

Chez F. SCHOELL, rue des Fossés-Montmartre, n.° 14, passage du Vigan.

====

1812.

TABLEAU
DES PEUPLES
QUI HABITENT L'EUROPE,

TABLEAU DES RELIGIONS
QU'ILS PROFESSENT,

PAR FRÉDÉRIC SCHOELL.

PARIS,

chez ... rue des Fossés-Montmartre, n.º 14,
passage du Muséum.

1812.

PRÉFACE.

L'INDULGENCE avec laquelle le public a
accueilli sous sa première forme l'ouvrage
dont je publie aujourd'hui la seconde édition, m'a engagé à en revoir avec soin
toutes les parties. Aussi n'est-ce pas seulement une nouvelle édition que j'offre
au lecteur, mais un ouvrage entièrement
refondu. J'ai profité de toutes les critiques,
soit pour changer ce qu'on blâmoit avec
justice, soit pour rectifier les expressions
qui avoient paru équivoques. J'ai fait un
examen sévère des assertions qu'on a
attaquées comme erronées; j'ai remonté
aux sources pour trouver la vérité, et je
n'ai pas balancé à lui rendre hommage,
en corrigeant ce que j'ai trouvé inexact
dans mon premier travail; mais quelquefois aussi j'ai cru devoir persister dans ma

manière de voir. Comme la nature de ce livre ne me permettoit pas d'entrer dans des discussions polémiques, je me suis contenté, dans ce dernier cas, de nommer les autorités sur lesquelles je fonde mon opinion. Tel est le motif de quelques citations qu'on trouvera dans les deux Traités que renferme ce volume. J'en aurois considérablement augmenté le nombre, si j'avois voulu donner la nomenclature des ouvrages que j'ai consultés.

Paris, le 15 mai 1812.

TABLEAU

DES

PEUPLES QUI HABITENT L'EUROPE,

CLASSÉS D'APRÈS LES LANGUES QU'ILS PARLENT.

INTRODUCTION.

Le mot de NATION peut être pris dans trois acceptions différentes. Tantôt il désigne tous les habitans d'un même pays, compris dans des limites naturelles, quels que soient l'origine et le langage de ces habitans. C'est ainsi que tous les peuples au-delà des Alpes sont appelés Italiens, et tous les habitans de l'Helvétie Suisses, quoique soumis à divers gouvernemens, issus de divers peuples, et parlant différens idiomes. Cette signification du mot de nation peut être appelée *géographique*.

Dans un sens *politique* ou *historique* on appelle nation l'ensemble des peuples qui forment la même association politique, qui sont soumis au même gouvernement, régis par les mêmes lois, etc. C'est ainsi que les Piémontois et les citoyens des villes Hanséatiques sont compris sous la dénomination de François; c'est dans ce même sens que jusqu'en 1738 les Lorrains, et jusqu'en 1793 les habitans du pays de Montbéliard étoient

regardés comme Allemands, quoiqu'ayant la
même origine et parlant la même langue que
les François.

Une troisième acception du mot de nation,
qu'on pourroit nommer sa signification *généa-*
logique ou plutôt *génethlique*, est celle qui se
rapporte uniquement à l'origine des peuples,
sans égard au pays qu'ils habitent et au gouvernement auquel ils sont soumis. C'est ainsi
que la caste dominante en Livonie est allemande, que les habitans de la Volhynie russe
sont Polonois, et que ceux du pays de Vaud
sont François.

En se renfermant dans les deux premières
significations, on voit que les nations ont
éprouvé de grandes et fréquentes révolutions.
Des peuples nombreux ont changé de domi-
ciles; les Lombards, d'origine germanique,
après plusieurs migrations, se sont fixés en
Italie; les Goths, qui, dans le quatrième siècle
de notre ère, habitoient vers les bouches du
Danube, se retrouvent, au cinquième siècle,
en Italie et en Espagne, et aujourd'hui en
Suède; les Anglois, originaires du Holstein,
sont maîtres de la Bretagne; et une partie des

Slaves vit aujourd'hui au milieu des Allemands.

Sous le rapport politique, les vicissitudes qu'essuient les nations sont plus fréquentes encore. Tour à tour les Livoniens ont été Polonois, Suédois et Russes; et, dans l'espace de peu d'années, nous avons vu les habitans d'un coin de l'Allemagne (l'Ostfrise), de Prussiens devenir d'abord Hollandois, et ensuite François.

Il n'en est pas de même de la troisième signification du mot de nation. Chaque nation tient de son origine un caractère distinct qui ne s'efface qu'à la suite de longues révolutions, et après le cours de plusieurs siècles. Il faut des circonstances extraordinaires pour que deux peuples différens, habitant le même pays ou soumis au même gouvernement, se confondent et s'amalgament tellement qu'on ne reconnoisse plus les traces de leur origine et qu'on puisse les regarder comme appartenant à une même nation. Aussi de trente-quatre peuples environ qui couvrent la surface de l'Europe, on n'en trouve que six ou sept qui, composés du mélange de diverses nations, ont tellement perdu leur caractère primitif, qu'on ne sait laquelle de ces nations on doit regarder comme la souche principale d'où ils dérivent leur origine.

La géographie et la politique fournissent des points de vue sous lesquels il est facile de ranger cette diversité de nations : une connoissance superficielle de l'histoire peut quelquefois suffire pour établir cette classification; mais il est généralement plus difficile de remonter à l'origine des nations, et d'assigner à chacune la place qu'elle doit occuper dans l'ordre généalogique. Le temps ne nous a pas conservé tous les monumens nécessaires pour reconnoître les peuples après tant de révolutions qu'ils ont soufferte, ni pour les suivre dans leurs migrations fréquentes. Mais, nonobstant tous les changemens, il leur reste presque toujours un trait caractéristique et particulier qui indique leur origine. Ce trait distinctif, que ni la suite des siècles, ni les variations des gouvernemens, ni le mélange des races ne sauroient entièrement effacer; c'est la LANGUE. On peut regarder comme un axiome incontestable que tous les peuples qui parlent soit la même langue, soit des langues ayant

entre elles une analogie caractéristique, non
seulement par l'identité des mots, mais surtout par celle des formes grammaticales et de
la construction, ont originairement formé la
même nation, quel que soit l'intervalle qui
sépare aujourd'hui leurs demeures, ou la
différence qu'on remarque entre leurs mœurs
respectives.

Rechercher cette analogie est un objet très-
intéressant pour l'histoire ; mais, pour parvenir à la vérité, il faut parcourir une route
semée d'écueils, au milieu desquels on court
fréquemment risque d'échouer, si la lumière
de la philosophie ne prête pas ses secours. En
s'abandonnant, sans ce guide sûr et fidèle, aux
charmes que cette étude offre à l'imagination,
on tombe facilement dans les rêveries de l'étymologie, et l'on finit par perdre le fil qui peut
seul conduire à travers le labyrinthe où l'on
s'est engagé. Beaucoup de mots analogues par
la forme se retrouvent dans les langues de
peuples entre lesquels il n'existe plus aucun
rapport, soit que l'imitation des sons naturels
ou le hasard ait produit ces consonnances,
comme entre le latin et le finnois, soit que
ces mots proviennent de langues primitives

dont il nous est impossible de suivre la filiation : telle est l'espèce d'identité que l'on remarque entre l'allemand et le persan, et qui paroît prouver que les racines de ces deux langues sont sorties d'un même fond, à une époque où les Celtes, les Germains et les Thraces, trois peuples dont descend probablement toute la population de l'Europe, n'avoient pas encore abandonné l'ancien berceau du genre humain [*].

[*] Les recherches de quelques philologues modernes prouvent que non seulement les langues germaniques et le persan, mais aussi le grec et le latin, descendent d'une souche commune, l'ancienne langue indienne dite samscrite. C'est M. *F. Schlegel* surtout, qui, dans son ouvrage intitulé, *Uber die Sprache und Weisheit der Indier*, *Heidelberg*, 1808, in-8.°, a démontré jusqu'à l'évidence cette ressemblance de la langue samscrite avec le persan, le grec, le latin et l'allemand. Il a fait voir que cette analogie ne se trouve pas seulement dans un très-grand nombre de racines évidemment prises du samscrit, mais, ce qui est bien plus décisif, qu'elle existe dans la structure intérieure, dans la flexion des cas de la déclinaison, dans la formation des personnes et des temps de la conjugaison, dans la composition des mots au moyen des particules, dans les syllabes dérivatives, etc. (*Voyez* Appendice I, à la fin de ce tableau.) M. *Schlegel* remarque que le samscrit a plus d'analogie avec le dialecte de la Basse-Allemagne qu'avec celui de l'Allemagne-Supérieure. M. Malte-Brun,

Les mots les plus propres pour établir l'identité ou la diversité des langues, sont les nombres,
les pronoms, les verbes auxiliaires, les mots
qui désignent les diverses parties du corps
humain, les ustensiles et meubles les plus
nécessaires dans la vie sociale, l'habillement,
les rapports de parenté, les corps célestes et les
phénomènes de la nature. Ce sont ces mots
surtout qui, à travers les siècles et les révolutions, ont ordinairement conservé quelque
trace de leur forme primitive, et un caractère
d'originalité qu'aucun mélange de races n'a pu
entièrement effacer. Après ces mots pour ainsi
dire primitifs et fondamentaux, ce sont en
général les *racines* qui indiquent l'origine
commune des langues; mais souvent leur identité est cachée sous des formes extérieures
dissemblables, sous une orthographe différente, dont il est nécessaire de dépouiller les
mots, pour les réduire à cette forme originaire
qui en constitue le véritable caractère. C'est
dans cette opération surtout qu'il faut se tenir
en garde contre les prestiges de l'imagination.

qui à beaucoup d'autres connoissances réunit celle des
idiomes scandinaves, m'a dit qu'elle est bien plus pro-
noncée encore entre le samscrit et la langue islandoise de
l'*Edda*.

Les racines ne sont pourtant ni le seul ni le principal caractère qui puisse faire reconnoître l'identité de différentes langues. Il en existe un qui le prouve d'une manière plus sûre encore; c'est la conformité dans la structure des langues, dans les flexions et les changemens par lesquels se forment les cas et les nombres des déclinaisons, le degré de comparaison des adjectifs, les personnes et les temps des verbes; en un mot, dans toute la partie de la grammaire qui s'occupe des formes des mots plutôt que de la construction des phrases.

L'objet du tableau suivant est de classer les peuples qui habitent l'Europe, d'après les langues qu'ils parlent, et de remonter ainsi à leur origine. Quelques-uns d'entre eux, tels que les nations germaniques et slaves, descendent de races que nous sommes obligés de regarder comme primitives, parce que les moyens nécessaires pour reconnoître les souches qui leur étoient communes avec d'autres peuples, nous manquent entièrement. Les peuples, au contraire, que nous trouvons dans les contrées qui ont été le principal théâtre des migrations dont le cinquième siècle nous présente l'étonnant spectacle, n'ont pas une

origine si pure : elles doivent leur naissance
au mélange de plusieurs nations; leurs langues
composées des divers idiomes de ces peuples,
ne peuvent prétendre ni à la gloire d'une haute
antiquité, ni au caractère d'originalité des
langues primitives. Elles ne peuvent pas s'enor-
gueillir d'avoir donné le jour à ces filles nombreuses qui jettent tant d'éclat sur la vieillesse
des langues primitives.

Telle est la langue françoise. Son origine n'est
ni pure ni illustre; sa naissance date des siècles
modernes; mais elle est amplement dédommagée
des avantages qui lui manquent du côté de l'antiquité, par l'harmonie et la clarté qui font son
caractère distinctif. Si elle n'a pas produit
d'autres langues, elle a fourni une foule d'écrivains éloquens dont les ouvrages immortels, non
moins puissans que les événemens politiques,
lui ont donné en Europe une supériorité qu'aucune des langues plus anciennes qui y sont en
usage ne sauroit lui contester.

Pour établir nos divisions, nous suivrons
les principes, et, nous devons l'avouer, quelquefois aussi les hypothèses de plusieurs savans
étrangers, parmi lesquels nous ne nommerons

ici que MM. *Gatterer*, *Schlœzer*, et surtout MM. *Adelung* et *Vater*. C'est dans leurs ouvrages que ceux qui s'occupent de ces sortes d'études trouveront les preuves détaillées des faits que nous avançons, ainsi que la discussion des opinions diverses auxquelles quelques-uns de ces faits peuvent donner lieu. Lorsque ces auteurs ne sont pas d'accord entre eux, nous avons adopté le système qui nous a paru le plus vraisemblable; quelquefois, lorsque chez nous le doute l'emporte, nous rapportons les diverses opinions.

TABLEAU

DES

PEUPLES QUI HABITENT L'EUROPE.

Trente-quatre peuples habitent l'Europe. En allant de l'occident à l'orient et au nord, puis retournant de là au midi, nous les trouvons dans l'ordre suivant: les *Portugais*, les *Espagnols*, les *Basques*, les *François*, les *Bas-Bretons*, les *Anglois*, les *Galois*, les *Ecossois*, les *Irlandois*, les *Hollandois* et *Flamands*, les *Allemands*, les *Danois*, les *Islandois*, les *Norwégiens*, les *Suédois*, les *Lapons*, les *Finnois*, les *Esthoniens*, les *Lives*, les *Russes*, les *Lettons*, les *Polonois*, les *Lusaciens*, les *Bohémiens*, les *Walaques*, les *Turcs*, les *Grecs*, les *Albanois*, les *Hongrois*, les *Serviens*, les *Croates*, les *Wendes*, les *Grisons*, et les *Italiens*, sans compter trois peuples qui, quoique répandus dans une partie de l'Europe, lui sont restés étrangers: les *Juifs*, les *Arméniens*, et les *Zingari*.

En regardant comme la même nation tous les peuples dont la langue indique une origine commune, on peut comprendre ces trente-quatre nations en douze classes ou grandes familles. Ce sont les BASQUES, les CELTES, les CIMBRES, les GERMAINS, tant *Teutons* que *Scandinaves;* les peuples dont les langues viennent du LATIN; les SLAVES, les GRECS, les TURCS, les LETTONS, les FINNOIS, les HONGROIS et les ALBANOIS. C'est dans cet ordre que nous allons en parler.

I. Les Basques ou Biscaïens (Escualdunac), en espagnol *Bascongados*.

Les Basques, un des plus anciens peuples de l'Europe, descendent probablement des Celtibériens ou des Cantabriens, dont l'origine se perd dans la nuit des temps. Il paroît que ces Celtibériens, nés d'un mélange d'Ibériens et de Celtes, avoient une origine commune avec les Aquitains, qui, du temps de César, occupoient la Gaule méridionale. Le nom de Vascones est déjà connu de Pline; ce n'est pourtant pas celui que se donne ce peuple lui-même: il s'appelle *Escualdunac*, et sa langue *Euscara*. On trouve les Basques des deux côtés des Pyrénées, en France et en Espagne. Ils parlent une langue primitive et étrangère à toutes celles qu'on connoît, à l'exception de quelques mots latins et germaniques; ces mots y ont sans doute été introduits par les Romains qui, sans pouvoir subjuguer les Celtibériens, eurent avec eux des relations fréquentes, et par les Visigoths qui envahirent l'Espagne dans le cinquième siècle. Ceux-ci, lors de l'irruption des Arabes, réussirent à fonder, dans les montagnes de la Biscaye, divers petits états qui maintinrent constamment leur indépendance et devinrent le berceau de la monarchie espagnole.

La langue basque se divise en quatre dialectes :
1.º le biscaïen (*biscaina, autrigonica*), dans les
environs de Bilbao; 2.º celui de Guipuscoa, dit
vardalica; 3.º celui de la Haute-Navarre et du
pays d'Alava; 4.º celui de la Basse-Navarre et
des pays de Labour et de Soule, vulgairement
nommé gascon, dénomination que les Basques
regardent comme injurieuse.

Ce qui caractérise surtout cette langue, c'est
la richesse de sa conjugaison, qui non seulement
exprime la signification active et passive des
verbes, mais aussi des nuances pour lesquelles
les autres langues emploient une réunion de plusieurs verbes ou des phrases entières. La conjugaison des Basques a, dit-on, jusqu'à onze *modes*[1],
et plusieurs temps *présens, passés* et *futurs*[2].

[1] Les onze modes de la conjugaison basque sont
désignés par les grammairiens à l'aide des dénominations
suivantes : *Indicativus, Consuetudinarius, Potentialis,
Voluntarius, Coactus, Necessarius, Imperativus, Sub-
junctivus, Optativus, Pœnitudinarius* et *Infinitivus.*

[2] Un homme célèbre, frère d'un homme plus célèbre
encore, M. *Guillaume de Humboldt*, a fait une étude
particulière de la langue basque. Lorsqu'il publiera ses
recherches, on sera à même d'apprécier une langue très-
peu connue, et que les exagérations de quelques admi-
rateurs fanatiques, qui y ont vu la langue primitive du
globe, n'ont pas encouragé nos savans à étudier.

II. Celtes.

Très-peu de points de l'histoire ancienne sont aussi obscurs que l'origine et l'histoire des Celtes. Les anciens, en général très-mauvais géographes, appeloient de ce nom tous les peuples compris entre la mer Atlantique, la Vistule et les Alpes. Des savans modernes, enflammés par leur zèle pour la gloire de leurs ancêtres, ont bâti, sur l'histoire des Celtes, des systèmes qu'une saine critique et une étude approfondie des langues n'ont pas eu de peine à renverser. Voici le peu de faits qui paroissent prouvés.

Les Celtes s'appeloient *Gail* ou *Gael*, mot dont les Grecs ont fait *Keltes*, et les Romains *Galli*. Originaires de l'Asie, ils sont venus, à une époque antérieure à celle où commencent nos connoissances historiques sur le nord de l'Europe, s'établir dans le pays qui, d'après eux, a été nommé les Gaules, dans les îles Britanniques, dans une partie de l'Italie, et dans les contrées bordées au nord par le Danube, au sud par les Alpes, et à l'ouest par la Pannonie; c'est-à-dire dans la Suisse, la Souabe, la Bavière, les Grisons, et l'Autriche d'aujourd'hui. C'est, à ce qu'il paroît, en suivant les Ibériens sortis, comme eux, d'Asie, et en remontant la rive droite du Danube, qu'ils se sont avancés vers l'occident. Les Ombriens et les Ausoniens ou Opices, et peut-être les Etrusques, en Italie ; les Taurisques, appelés par la suite Noriques, les Vindéliciens, les Rhétiens et les Helvétiens, étoient des peuples celtiques ; mais c'est dans la Gaule que ces peuples fixèrent leur séjour principal. Cependant, du temps de César, ils étoient réduits aux pays situés entre la Marne, la Seine et la Garonne, le nord de la France d'aujourd'hui étant alors occupé par les Belges, et le sud par les Aquitains.

La langue celtique est une langue primitive, entièrement différente de la germanique ; mais il ne nous en est parvenu aucun monument complet, et nous n'en connoissons que des mots isolés. Nous verrons plus bas par quels évènemens cette langue a entièrement cessé d'être en usage dans la Gaule, où elle s'amalgama avec celles des vainqueurs de ce pays. Aujourd'hui elle existe encore dans deux dialectes, en Irlande et en Ecosse.

L'île Britannique a reçu sa population de la Gaule, et voici à quelle occasion. Le nord de la Gaule étoit habité par des Celtes, nommés *Bretons*. Ils en furent chassés par les Belges, peuple germanique, dont nous parlerons plus bas : les Bretons passèrent alors la mer, et se fixèrent dans l'île qui jusqu'alors étoit nommée *Albion* (pays

élevé). C'est d'après eux que ce pays prit le nom
de *Bretagne*[1]. Ces Bretons ne restèrent pas long-
temps possesseurs tranquilles de leur île; les mêmes
Belges qui les avoient chassés du nord de la Gaule,
les suivirent au-delà des mers. Alors les Bretons
se retirèrent dans le nord de l'île, et en Irlande.
C'est d'eux que descendent les Irlandois d'aujour-
d'hui et les Écossois, seuls restes purs des anciens
Celtes.

1. *Les Irlandois* (Irish).

L'île d'Irlande, dans la langue du pays, porte
le nom d'Eirin ou d'Erin (d'*Eir*, ouest, et *in*, île),
dont les Romains ont fait Hibernia. Cette langue
s'appelle, jusqu'à nos jours, la langue *erse*. Les
Bretons-Celtes, qui probablement se réfugièrent
dans cette île, lors de la révolution dont nous
venons de parler, et dont descend la majorité de
ses habitans, furent désignés par l'épithète de
Scots ou *Scuits*, c'est-à-dire fuyards ou émigrés,
et ce nom n'a cessé de désigner les habitans de
l'Irlande qu'au dixième siècle. Dans le huitième,
ils furent convertis au christianisme, et ce pays
devint le siége des lumières et des sciences, par

---

[1] Observons cependant que, quoique ce que nous disons
ici soit fondé sur de grandes probabilités et sur l'analogie,
cela n'est pourtant pas rigoureusement prouvé.

le refuge qu'y cherchèrent beaucoup de prêtres des autres pays de l'Europe alors bouleversés et saccagés par les barbares. L'Irlande vit naître les saints missionnaires qui, dans le septième siècle, portèrent dans les Gaules et en Allemagne les lumières du christianisme : tels furent saint Gal, saint Columban, saint Kilian, saint Eméran, etc. Ce commencement de civilisation se perdit en Irlande, depuis le neuvième siècle, que les Normands s'y établirent. Au commencement du douzième, ces barbares furent expulsés, et il se forma, dans l'île, des royaumes indépendans, qui ne cessèrent de se faire la guerre, jusqu'à l'époque où ils furent soumis par les Anglois, qui commencèrent à se fixer en Irlande en 1176.

La langue erse, à la culture de laquelle la domination angloise n'a pas été favorable, est, dit-on, sur le point de s'éteindre tout-à-fait, et de faire place à la langue des conquérans, maîtres de l'île.

2. *Les Écossois* (Galics).

Les Bretons-Celtes qui, lors de l'invasion des Belges, se réfugièrent dans le nord de l'île, furent appelés *Calédoniens* ou Gaulois des montagnes (de *Gael*, Gaulois, et *don*, montagne). Ils firent par la suite de longues guerres aux Romains.

dans lesquelles ils furent presque entièrement exterminés.

Après la retraite des légions romaines, leur pays fut envahi, au commencement du sixième siècle, par les Scots d'Irlande, dont une partie, après avoir repassé le canal de Saint-George, vinrent se fixer dans le nord-ouest de l'île, à côté des *Pictes* (c'est-à-dire brigands), autre peuple celte qui demeuroit au nord-est. Dès-lors cette partie de l'île fut nommée *Scotia minor* on *nova*.

Dans le neuvième siècle, un roi de ces Scots ou Bretons-Celtes subjugua les Pictes, et réunit les deux états sous le nom de *Scotland,* dont on a fait Ecosse : depuis ce temps, la partie des Celtes restés en Irlande cessa d'être appelée Scots ou Ecossois : ce peuple prit le nom d'Irlandois, d'après le pays qu'ils habitoient. Lorsque, quelques siècles après, les Anglois s'emparèrent de la partie méridionale et orientale de l'Ecosse, la langue erse ou galoise y disparut successivement pour faire place à la langue angloise ; mais la première s'est maintenue jusqu'à nos jours dans la partie montueuse du nord-ouest, appelée *Highland* en anglois, et *Albanich* en erse. Le dialecte qu'on y parle est plus pur, c'est-à-dire moins mêlé de mots étrangers que celui des Irlandois ; mais il se ressent davantage de la barbarie dans laquelle ce pays a été plongé pendant une suite de siècles.

C'est dans cette langue galoise de la Haute-Écosse que sont composés les morceaux de poésie qui ont servi à Macpherson pour la fabrication de ses poëmes d'Ossian[1].

[1] Depuis l'année 1765, que *James Macpherson* publia à Londres ses *Poems of Ossian*, on a beaucoup disputé sur l'authenticité de ces poésies. La chose paroît décidée aujourd'hui par les recherches que la Société établie à Édimbourg sous le titre de *Highland Society of Scotland*, chargea un comité de faire sur ce sujet, au commencement du dix-neuvième siècle. Le rapport présenté au nom de ce comité, par son président *Mackenzie*, fut imprimé en 1805. En voici le résultat : Il existe parmi les habitans de la Haute-Écosse des manuscrits de poésies ossianiques, mais ils sont en petit nombre et modernes ; ils ont conservé aussi une tradition sur un grand héros nommé *Fion na Gale* et son fils *Ossian*. Des poésies attribuées à ce dernier circulent parmi les Écossois ; ces poésies sont nombreuses et contiennent de grandes beautés, mais rien ne prouve leur haute antiquité, et l'on n'a pu découvrir celles que Macpherson a traduites, quoiqu'on en ait trouvé qui leur ressemblent. Il paroît donc que cet écrivain a traité avec une grande liberté les matériaux qu'il avoit pu recueillir. Il en usa d'abord moins librement pour le poëme intitulé *Fingal* ; mais il devint plus hardi par la suite.

Les Cimbres ou *Kymri*, peuple germanique, s'établirent, plusieurs siècles avant J. C., dans le nord de la Gaule ; les Celtes les appelèrent alors *Belges*, c'est-à-dire habitans d'un pays-bas. Il paroît que c'est à cause de cette invasion que les Celtes du nord de la Gaule passèrent dans l'île Britannique ; mais il doit en être resté un grand nombre dans leurs anciennes demeures. Par le mélange de leur langue avec celle de leurs conquérans, il s'est formé une troisième langue, également composée des idiomes celtique et germanique, mais tellement différente de chacun d'eux, qu'il résulteroit une grande confusion dans l'étude de l'histoire et des langues, si, à côté des Celtes et des Germains, on n'admettoit une troisième nation, qui est celle des Cimbres dont nous parlons. Quelque temps avant Jules-César, une partie de ces Cimbres ou Belges se rendirent en Bretagne, forcèrent les Bretons de se retirer dans le nord de l'île et en Irlande, et s'emparèrent de la partie nommée aujourd'hui spécialement Angleterre. Ce sont là les Bretons auxquels Jules-César fit la guerre ; mais ce n'est sans doute qu'en se conformant à un usage introduit dans l'île qu'il les appelle ainsi ; nous venons de voir qu'ils étoient Cimbres de nation ; ils ne portèrent le nom de Bretons que comme maîtres de la Bretagne, qu'ils avoient conquise sur les véritables Bretons, qui étoient Celtes.

Dans le premier siècle de notre ère, ces nouveaux Bretons furent soumis par les Romains, sous la domination desquels ils restèrent pendant quatre cents ans. Lorsque, dans le cinquième siècle, les empereurs retirèrent leurs légions de la Bretagne, les habitans, ne pouvant plus se défendre contre les Pictes et les Scots, appelèrent à leur secours les Saxons et autres tribus de la Basse-Germanie, leur ancienne patrie. Ceux-ci répondirent à l'invitation ; ils débarquèrent en Bretagne et repoussèrent les Pictes et les Scots ; mais ils s'emparèrent en même temps du pays de ceux qu'ils étoient venus défendre. Ils les firent refluer vers les provinces de Galles et de Cornwallis ou Cornouailles ; quelques-uns de ces Bretons trouvèrent moyen de s'embarquer et de se réfugier dans le pays d'Armorique, qui de là a pris son nom de Bretagne ou Petite-Bretagne. C'est dans ces trois provinces, c'est-à-dire dans les pays de Galles et de Cornouailles et dans la Basse-Bretagne, que se trouvent encore les descendans des Cimbres, et que s'est conservée leur langue en deux dialectes.

1. *Habitans des pays de Galles et de Cornouailles* (Kymri.)

C'est improprement qu'on nomme quelquefois breton le langage de ces peuples; nous avons vu que les vrais descendans des Bretons-Celtes se trouvent en Écosse et en Irlande, et que ce nom a été appliqué abusivement aux Cimbres. Celui de Galles (*Wales*) a été donné à ce pays par les Anglo-Saxons; il signifie *étranger*. Les habitans eux-mêmes s'appellent *Kymri*, et c'est de ce mot que les Romains avoient fait celui de Cimbres.

Les Kymri ou Galois ont été soumis dans le treizième siècle par les Anglois; mais ils ont conservé, jusqu'à nos jours, leur langue dont la moitié est d'origine germanique, et l'autre composée de mots celtiques qu'ils ont adoptés pendant leur séjour en Belgique, et de quelques mots latins qu'ils reçurent des Romains, pendant que ceux-ci étoient les maîtres de l'île de Bretagne.

2. *Bas-Bretons* (Breizads.)

Quoique les Bas-Bretons ne soient pas de véritables Bretons ou Celtes, mais des Kymri, ils se nomment *Breyzads*, comme ayant long-temps demeuré en Bretagne; néanmoins la dénomination de Kymri n'est pas tout-à-fait oubliée parmi eux. Leur langage est plus mélangé que celui des habitans du pays de Galles; le fond en est germanique, avec beaucoup de mots latins et celtiques; les uns et les autres sont souvent défigurés au point qu'on a de la peine à en reconnoître l'origine.

L'hypothèse sur laquelle cet exposé se fonde a pour elle le plus haut degré de vraisemblance; on conçoit donc dans combien d'erreurs doivent tomber, chaque jour, des étymologistes qui, étrangers à la connoissance des langues du Nord, prennent pour celtique tout ce qu'ils trouvent dans l'idiome bas-breton [1].

[1] La véritable cause de toutes les erreurs dans lesquelles sont tombés les enthousiastes qui ont voulu faire du bas-breton la langue primitive de l'Europe, vient de ce qu'ils n'ont pas fait attention que cette langue était, dès l'origine, un mélange de celte et de germanique, et que, pendant le séjour des Romains en Bretagne (Angleterre), ce mélange a encore été augmenté de mots latins. Ainsi les racines belgiques et latines qu'on trouve dans le bas-breton, ne prouvent nullement que dans une haute antiquité le bas-breton ou le celte ont été la langue des pays septentrionaux et méridionaux de l'Europe; il prouve seulement que les habitans de la Basse-Bretagne descendent d'un peuple d'origine germanique qui s'est mêlé à des Celtes, et a eu des rapports avec les Romains.

IV. Peuples Germaniques.

Le nom de *Germains* est entièrement inconnu aux peuples qu'il désigne. Il leur a été attribué par les Gaulois ou Celtes, et signifie probablement *guerriers* [1]. Les Germains se donnoient à eux-mêmes le nom de *Teut* ou *Teutsch* (ou plutôt *Theutsch*, qui se prononçoit *Deutsch*), dont les Romains ont fait *Teutons*. Ce mot signifie nation.

La dénomination de Germains embrasse ces nations nombreuses que, dès la plus haute antiquité, nous trouvons établies depuis la rive gauche du Danube jusqu'aux extrémités du Nord, et entre le Rhin et la Vistule; ayant pour voisins les Celtes à l'occident, et les Sarmates à l'orient. Tous ces peuples forment deux grandes familles, celle des peuples proprement Teutoniques, et celle des Scandinaves. L'origine commune de ces deux branches est manifeste; mais leur séparation s'est faite à une époque si reculée, et elle

[1] *Ger*, *guer*, en gaulois, analogue à l'allemand *wehr*, arme, signifie guerre, mais il reçoit encore plusieurs autres acceptions; *man* veut dire homme, mais aussi montagne, pierre, etc. On pourroit donc conserver du doute sur le sens du mot composé, sans le passage suivant de Tacite : *A victis ob* METUM *invento nomine.*

a produit une telle diversité entre les idiomes de ces peuples, qu'on seroit tenté de regarder les Teutons et les Scandinaves comme deux nations différentes, si leurs langues, malgré les variétés considérables qu'elles présentent, ne portoient en même temps un certain caractère essentiel qui leur est commun et qui les distingue peut-être de celles de toutes les autres nations existantes.

Le caractère dont nous voulons parler est cet *accent tonique* ou cette intonation particulière avec laquelle les peuples d'origine germanique prononcent chaque mot de leurs langues, et par laquelle ils marquent tantôt la syllabe radicale pour la distinguer de celles qui ne servent qu'à la dérivation; tantôt la syllabe qui, sans présenter la racine, modifie celle-ci au point d'en changer ou d'en déterminer la valeur; tantôt enfin la syllabe qui, dans un mot, doit fixer de préférence l'attention de la personne à qui le discours s'adresse. Voilà un des plus précieux avantages des langues du Nord. Non seulement le Germain, en prononçant successivement les syllabes significatives de sa langue, fait naître, dans l'imagination de celui qui l'écoute, l'image de l'objet qu'il veut produire en lui, mais aussi, selon l'intention que lui suggère le besoin du moment, il varie la signification du même mot, en graduant de différentes manières, suivant leur importance, les syllabes dont le mot est composé. Cette prérogative des langues germaniques ne sauroit appartenir qu'à des idiomes originaux, à des langues mères ou primitives, formées de mots dont chaque membre a sa signification particulière [1].

1. *Peuples Teutoniques.*

Non seulement les peuples germaniques se divisèrent, dans la plus haute antiquité, en deux grandes familles, dont chacune existe encore de nos jours; mais aussitôt que les Teutons, dont nous allons nous occuper en particulier, paroissent dans l'histoire, on les voit subdivisés en deux branches principales, dont les dialectes se sont conservés jusqu'à nos jours; on les distingue par la dénomination de Haut et de Bas-Allemand (*Ober und Niederdeutsch*). Il règne entre ces deux dialectes une telle différence que l'habitant de l'Allemagne supérieure ne comprend pas le langage de ses compatriotes du Nord, à moins d'en avoir fait une étude particulière.

[1] Nous renvoyons à l'appendice II, à la fin de ce tableau, où l'on trouvera le développement de cette remarque sur la propriété d'accentuer les mots, particulière aux langues germaniques.

Le plus ancien monument du haut-allemand est la traduction de la Bible par l'évêque Ulphilas, faite dans le quatrième siècle après J. C. pour les Goths, peuple teutonique, qui alors habitoient vers l'embouchure du Danube.

Le bas-allemand est infiniment moins dur que l'autre dialecte, mais il est en même temps moins perfectionné, et presque entièrement relégué parmi le bas peuple. C'étoit la langue des anciens Francs, des Frisons, etc. On le parle dans les provinces situées sur la mer du Nord et sur la Baltique, en Westphalie, en Basse-Saxe, dans le Holstein, en Poméranie et dans le Brande-bourg ; on l'appelle commmunément *platt-deutsch* [1].

Les peuples d'origine teutonique sont les *Allemands*, les *Hollandois* et *Flamands*, et les *Anglois*.

a. *Les Allemands* (Deutsche).

Aucun peuple ne porte, dans sa langue, le nom d'Allemands, que, par suite d'un mal-entendu, nous donnons à une des nations les plus nombreuses du globe. Les seuls Allemands

---

[1] M. Voss, le célèbre traducteur allemand d'Homère et de Virgile, a fait une tentative de rendre le bas-alle-mand, ou l'ancien allemand des Saxons, à la poésie, par

que l'histoire connoisse, étoient une réunion ou
confédération de divers peuples teutoniques, qui,
dans le troisième siècle de l'ère chrétienne, se
forma entre le Rhin et le Mein, et dont le nom
a été abusivement étendu par les François à toute
la nation dont cette ligue faisoit partie.

Le peuple que nous nommons Allemand, a
continué à se donner le nom de *Deutsche*. On
comprend sous ce nom tous les peuples dont la
langue allemande est la langue maternelle, quelle
que soit leur origine ou la domination sous
laquelle ils vivent. Ainsi, une grande partie de
l'Allemagne, telles que la Saxe, le Brandebourg,

deux idylles dans ce dialecte, qu'il a intitulées la *Soirée
d'hiver* et *la Loterie*. Pour les personnes qui ne connoissent
pas cet idiome, nous placerons ici une strophe prise dans
la première idylle :

> Wat is't doch vœr en quadlig Ding
>   In Wall un Muer to lœwen.
> Drum hebb' ik mi ok fix un flink
>   Wolup dat Land begæwen.
> As Landmann lœw' ik gans gewiss
>   Vergnœgter as de Kaiser is.

Voici la traduction de ces vers en haut-allemand :

> Was ist es doch für ein klægliches Ding
>   Hinter Wall und Mauern zu leben!
> Darum habe ich mich auch in aller Eile
>   Frisch auf das Land begeben.
> Als Landmann lebe ich ganz gewiss
>   Vergnügter als der Kaiser ist.

la Poméranie, le Mecklembourg, sont habités par des peuples qui ont été originairement slaves, mais qui, par la suite des siècles, ont perdu leur caractère primitif, et se sont en quelque sorte fondus dans la nation teutonique.

Comme il n'existe plus, dans l'ordre des états d'Europe, de pays qui porte le nom d'Allemagne, il faut déterminer d'une manière différente les contrées de l'Europe que la nation allemande habite. Nous ferons ce dénombrement en allant de l'occident à l'orient.

On trouve des Allemands :

1.º *En Suisse.* Les Suisses ne forment pas un corps de nation, ni dans le sens politique, ni dans le sens généthlique. L'Helvétie, ou ce pays peu étendu que bornent à l'ouest le Jura, au nord le Rhin, à l'orient les Alpes du Tyrol, et au sud celles de l'Italie, est habitée par quatre nations d'origine et de langues différentes, par des François, des Allemands, des Italiens et des Grisons. Les Allemands, dont nous parlons dans ce moment, descendent du mélange des anciens Helvétiens qui étoient Celtes, avec des colonies allemandes, et, s'il est permis d'ajouter foi à une tradition populaire, des colonies scandinaves qui sont venues se fixer au milieu d'eux. Ce peuple, anciennement soumis à l'empire germanique, s'en est détaché successivement, depuis le quatorzième siècle. L'indépendance dont il a joui depuis, a exercé une influence marquée sur son caractère et sur sa langue. Celle-ci est rude et presque inintelligible à un Allemand du Nord.

2.º *En Alsace.* La plupart des habitans de l'Alsace sont d'origine allemande ; ils descendent des anciens Souabes avec lesquels ils ne formoient qu'un seul corps de nation. Soumis au gouvernement françois depuis plus de cent soixante ans, ils ont changé de caractère et d'habitudes ; leurs mœurs et leur caractère tiennent à la fois de ceux des François et des Allemands. Ils ont conservé, dans la vie commune, l'usage de la langue allemande ; mais leur idiome est resté étranger à ce degré de perfection auquel la langue allemande s'est élevée depuis une cinquantaine d'années.

3.º *Dans les départemens françois de la rive gauche du Rhin.* Ces régions, entièrement peuplées d'Allemands, ne font pas partie de l'Empire françois depuis assez long-temps pour que leur nouvelle existence politique ait déjà pu exercer son influence sur le caractère et sur la langue de leurs habitans.

4.º *Dans les pays qui forment la confédération du Rhin.* Tous les habitans de ce pays, qui anciennement faisoient partie de l'empire d'Allemagne, sont Allemands.

5.° *Dans les provinces illyriennes.* Une partie de ce pays est habitée par des Allemands, qui s'y trouvent à côté des Wendes ou Slaves, des Illyriens, des Grecs, etc.

6.° *Dans la monarchie autrichienne.* Une petite partie seulement de la monarchie autrichienne fait partie de l'ancienne Allemagne, et est exclusivement habitée par des Allemands : on trouve cette même nation à côté des Slaves, en Bohême, en Moravie et en Silésie ; il y a aussi de nombreuses colonies allemandes en Hongrie, et surtout en Transilvanie.

7.° *Dans la monarchie danoise.* Une grande et belle province du Danemarck, le Holstein, a fait partie de l'empire d'Allemagne jusqu'en 1806, et n'est peuplée que par des Allemands.

8.° *Dans la monarchie prussienne.* La presque totalité de la monarchie prussienne est habitée par des Allemands ; cependant une foible portion seulement des états qui restent à cette monarchie, fait partie de l'Allemagne : la Silésie et la Prusse sont situées hors des limites de ce pays ; mais dans la première de ces provinces, les colonies allemandes ont pris insensiblement le dessus sur les habitans polonois ; et en Prusse, les Allemands sont parvenus non seulement à se rendre maîtres du pays, mais aussi à extirper

tous les habitans originaires ou à les amalgamer
tellement avec eux, qu'on ne trouve plus de
trace de l'ancienne différence d'origine.

9.º *Dans les provinces de l'empire de Russie,*
telles que la Livonie, l'Esthonie, l'Ingrie, qui ont
autrefois appartenu à la Suède, et dans la Courlande, province anciennement feudataire de la
Pologne. Toutes ces provinces sont habitées par
deux classes d'hommes, les naturels, dont nous
parlerons plus bas, et qui vivent dans l'état de
servitude, et les Allemands ou maîtres qui descendent des anciennes familles allemandes, venues
jadis, l'évangile dans une main et le glaive dans
l'autre, convertir et soumettre les véritables pro-
priétaires du sol, les Lettons et les Lives. Ce
sont les Livoniens, les Courlandois et les Esthoniens qui parlent un allemand plus pur que
celui qui est en usage dans aucune province
de la ci-devant Allemagne. Cette assertion, dont
la vérité peut être facilement constatée, cessera
d'étonner lorsqu'on réfléchira que l'allemand est
dans ce pays la langue dont se sert exclusivement
la classe privilégiée des habitans, la noblesse, les
pasteurs, les officiers employés dans les administrations, et, en un mot, tous ceux qui ont
reçu une certaine éducation, et dont se compose
la bonne société.

Nous avons parlé du bas-allemand. Le dialecte

de l'Allemagne supérieure (qui n'est pas identique avec le haut-allemand) se subdivise en
quatre autres dialectes, le souabe [1], le bavarois,
celui de la Franconie et celui de la Saxe. On
parle le dialecte souabe en Alsace, en Souabe,
le long du Rhin et en Suisse; le dialecte bavarois, qui est celui de la Bavière, de l'Autriche
et des provinces illyriennes, est le plus dur de
tous; le souabe l'est un peu moins, excepté
pourtant dans quelques parties de la Suisse : l'un
et l'autre indiquent que les habitans de ces provinces sont un peu en arrière de ceux de la
Saxe, sous certains rapports qui tiennent à la
recherche dans le langage. Dans ces deux dialectes, on remarque plusieurs mots celtiques,
qui proviennent des anciens Helvétiens, Boïens
et autres Gaulois, qui, dans la migration de ces
peuples vers l'ouest, se sont fixés sur la rive
droite du Danube, dans les Alpes et au-delà de
ces montagnes. Le dialecte de la Franconie est
parlé dans les pays situés des deux côtés du
Mein, depuis le Fichtelberg jusqu'aux bords
du Rhin. Enfin, le dialecte saxon est celui du

[1] Les Suèves, originaires des côtes de la mer Baltique,
occupent aujourd'hui la partie de l'Allemagne située le
plus au sud-ouest, qui comprend le royaume de Wurtem-
berg et le grand-duché de Bade.

Nord de l'Allemagne supérieure, depuis la Franconie jusqu'aux limites du Bas-Allemand.

Ce qu'on appelle plus particulièrement le *haut-allemand (hochdeutsch)*, est le dialecte saxon, corrigé et épuré, surtout depuis l'époque de la réformation de Luther, dont le principal foyer étoit en Saxe, c'est-à-dire dans le royaume et les duchés de Saxe[1] : c'est la langue des livres et de la bonne société. Quoique cet idiome ne soit proprement attaché à aucune province en particulier, cependant on a cru remarquer que les habitans d'une certaine partie du pays d'Hanovre approchoient le plus, dans leur idiome vulgaire, de cette langue presque idéale regardée comme le véritable bon allemand. Les habitans du royaume de Saxe ni ceux de Berlin ne peuvent prétendre à être cités parmi ceux qui parlent l'allemand dans toute sa pureté ; les premiers, parce que leur prononciation est traînante et trop affectée ; ceux-ci, parce qu'ils négligent trop les règles de la grammaire. L'allemand le plus pur, le plus correct, le plus harmonieux est peut-être, comme nous l'avons déjà remarqué, celui que parle la noblesse de Courlande, de Livonie et d'Esthonie.

[1] *Voyez*, à la fin de ce tableau, l'appendice III sur les différentes significations que le mot de *Saxe* a reçues dans l'espace de mille ans.

La langue allemande est, au reste, la plus riche de toutes les langues européennes. Elle a fourni aux autres la plupart des termes de minéralogie et de métallurgie, ceux de chasse, de marine et de plusieurs métiers. Sa richesse, qu'elle doit à un très-grand nombre de racines monosyllabiques, augmente tous les jours par la faculté qui lui est propre, de créer des mots nouveaux, à l'aide de la dérivation et de la composition, prérogative que la langue grecque seule possède dans la même étendue. La surabondance de consonnes rend l'allemand dur, surtout dans la prononciation de la Haute-Allemagne; cependant cette langue est susceptible d'harmonie et d'une grande élégance. Son substantif a trois genres, comme le grec et le latin; il se décline à la fois et par l'article et par la *flexion;* sa conjugaison est pauvre; elle n'a que deux temps simples, et est obligée de se servir de trois verbes auxiliaires pour exprimer le passif, et pour remplacer les temps qui lui manquent. La langue allemande n'est pas très-riche en participes, mais aucune langue ne possède plus de prépositions : elle se sert admirablement de ces particules pour former, à leur aide, des mots composés. Nous avons parlé plus haut de l'accent qui est particulier aux langues germaniques; il leur donne une grande énergie. Cet accent n'a rien de commun avec la *quantité* ou avec les syllabes longues et brèves. Quoique celle-ci ne soit pas en allemand aussi déterminée qu'en grec et en latin, cependant cette langue peut imiter tous les rhythmes de ces deux peuples, et par conséquent elle peut, dans la poésie[1], se passer de la rime.

Deux particularités distinguent la langue allemande : d'abord les *trois ordres de construction* qui lui sont propres, et qui changent tout-à-fait la suite des mots, selon que l'orateur *raconte*, *interroge* ou souhaite, ou que sa phrase commence par une *conjonction*[2]; et ensuite la facilité des *inversions* moyennant lesquelles l'orateur peut fixer l'attention de l'auditeur sur une partie quelconque de son discours[3].

[1] On trouve dans la préface des *Odes d'Horace* publiées par M. *Vanderbourg* (Paris, 1812, F. Schœll) des observations ingénieuses sur une espèce de rime ou de consonnance qui est fréquente dans les bonnes poésies latines.

[2] C'est à la syntaxe à expliquer ces trois ordres qui sont une des grandes difficultés de la langue allemande; nous nous contentons de placer ici une phrase d'après ces trois ordres : *er hat viele Bücher gelesen*, ordre historique; *hat er viele Bücher gelesen?* ordre interrogatif; *wenn er viele Bücher gelesen hætte*, ordre conjonctif. On voit que le verbe auxiliaire est dans l'un le second, dans l'autre le premier, et dans le troisième le dernier mot de la phrase.

[3] Cette phrase : *Er hat viele Lænder durchwandert*, il a

C'est à tort que les Allemands parlent quelquefois de l'alphabet dont ils se servent comme d'un caractère national, et que, par cette raison, quelques patriotes se sont opposés à l'introduction du caractère françois. Il existe aussi peu un alphabet allemand qu'un alphabet françois : l'un et l'autre sont le caractère romain qui, sous la plume des écrivains du moyen âge, a pris la forme gothique que les Allemands ont conservée, tandis qu'à l'exemple des Italiens, les François, ainsi que les Portugais et les Espagnols, les Anglois, les Hollandois et les Suédois, lui ont donné plus de rondeur. Le caractère dit gothique a été conservé par les Allemands, les Danois et les Bohémiens, et toutes les tentatives que le zèle pour la gloire de la nation a fait essayer pour le perfectionner, sans adopter le caractère françois, ont été infructueuses.

b. *Les Hollandois* (Duytsch) *et les Flamands* (Vlæmske).

Leur langue est un mélange des dialectes des Francs, des Frisons et de celui des Saxons que

parcouru beaucoup de pays, pourra être exprimée ainsi : *Viele Lænder hat er durchwandert;* ou ainsi : *Durchwandert hat er viele Lænder,* selon qu'on voudra fixer l'attention sur le grand nombre de pays, ou sur la circonstance qu'ils ont été parcourus.

Charlemagne transplanta dans les Pays-Bas, avec la langue françoise. Le hollandois et le flamand sont deux dialectes de la même langue. Lorsque, dans le seizième siècle, le Brabant et la Flandre avoient une cour et beaucoup de commerce, le dialecte flamand prédominoit; mais depuis que les provinces septentrionales se séparèrent des autres, le hollandois a été principalement employé par les hommes de lettres.

c. *Les Anglois* (English).

La langue angloise est fille de la teutonique. Les Anglois et les Saxons s'établirent dans l'île Britannique, en 450, et y introduisirent les deux dialectes qu'ils parloient; celui des Anglois au nord, et celui des Saxons au sud de la Tamise. Le dialecte saxon prédomina, quand l'heptarchie fut réunie sous un seul roi de cette nation. Dans le huitième siècle, l'Angleterre fut soumise aux Danois, et alors la langue danoise devint celle de la cour. Lorsqu'Édouard-le-Confesseur réintroduisit la langue saxonne, elle resta mêlée avec la danoise. Par l'avénement de Guillaume-le-Conquérant, le françois-normand fut introduit à la cour, dans les tribunaux et dans les écoles. Les enfans des grands étoient envoyés, pour leur éducation, en Normandie, et la langue

saxonne se trouva réduite à être celle du bas-
peuple. Cependant elle reprit le dessus vers la fin
du treizième siècle, lorsque les villes ou communes obtinrent une part à l'administration. Sous
Édouard III, elle redevint la langue des affaires
publiques; mais dans l'intervalle qui s'étoit écoulé
depuis Guillaume-le-Conquérant, elle avoit été
amalgamée avec un si grand nombre de mots
françois, qu'on ne peut plus dès-lors l'appeler
saxonne. C'est là le commencement de la langue
angloise, qui consiste en un mélange de saxon,
de danois et de françois; on n'y trouve rien,
ou bien peu de chose, des langues des divers
peuples qui ont habité l'île avant les Saxons;
car les mots latins qu'elle a adoptés, proviennent des missionnaires qui ont porté le
christianisme dans l'île.

La langue angloise commença à se perfectionner lors de la réformation, et surtout lors
des querelles entre la nation et les Stuarts.
Après la révolution de 1689, et sous le gouvernement de la reine Anne, elle parvint au degré
de perfection dans lequel elle s'est maintenue.
Après la langue allemande, elle est la plus
riche de l'Europe; elle est plus simple dans
ses formes que toutes les autres. Sa prononciation est bizarre et s'éloigne beaucoup de la
manière d'écrire. La littérature angloise peut

être rangée parmi celles des nations modernes qui occupent le premier rang. Elle a produit des chefs-d'œuvres en poésie, en philosophie, en éloquence et en histoire. Dans le dix-huitième siècle surtout, l'Angleterre a vu briller une suite d'historiens d'un mérite éminent, auxquels les autres nations ont peu de compétiteurs à opposer. La littérature angloise se ressent, dans toutes ses branches, du caractère indépendant qui caractérise les habitans de l'île.

La langue angloise se parle dans les deux grandes îles qui forment le royaume uni de la Grande-Bretagne et de l'Irlande, et dans une grande partie de l'Amérique septentrionale.

2. *Peuples Scandinaves.*

La Scandinavie (c'est ainsi qu'on appelle l'ensemble des îles et péninsules situées entre la mer Glaciale, la mer du Nord et la mer Baltique) a été peuplée, dans les temps les plus reculés, par des nations germaniques : leur langue, qui alors différoit déjà, sous beaucoup de rapports, de la langue teutonique, se partage en trois branches : le *danois*, le *norwégien*, dont l'*islandois* est un dialecte, et le *suédois*.

4

a. *Les Danois* (Danske).

Les Danois s'appeloient originairement *Jutiens*. Le nom de Danois se trouve pour la première fois au sixième siècle ; Danemarck veut dire pays des Danois. Leur langue est , de toutes les langues scandinaviennes , celle qui se rapproche le plus des dialectes frison et saxon ; elle a été long-temps négligée sous les rois de race allemande qui régnent dans ce pays depuis le quinzième siècle ; mais , vers le milieu du dix-huitième siècle , on a commencé à la cultiver , et elle offre aujourd'hui des morceaux estimables dans plusieurs genres de littérature. Elle a infiniment plus de douceur et d'harmonie que la langue allemande.

b. *Les Norwégiens* (Norske).

Depuis le sixième siècle après J. C., les Norwégiens se sont rendus formidables par leurs expéditions maritimes. Ils fondèrent des états dans les îles britanniques , en France, en Russie, à Naples et en Sicile. Depuis 1380 , leur pays est réuni au Danemarck.

La langue norwégienne est peu connue au dehors ; dans le pays même, elle n'est guére usitée que dans les campagnes ; dans les villes

et parmi les classes bien élevées, on parle danois;
dans les îles Orcades, dont les habitans s'appellent Norns, et dans les îles Faroë, on parle
norwégien.

c. *Les Islandois.*

L'Islande, découverte en 861, fut nommée
d'abord *Snœlande*, pays des neiges : bientôt
après on lui donna son nom actuel, qui signifie
une terre glaciale. Cette île a été peuplée par
des Norwégiens; ils y établirent un état indépendant, gouverné par un chef qui portoit
le titre de *Lagman*, l'homme de la loi; des
troubles civils qui s'élevèrent parmi eux au bout
de trois siècles, les engagèrent à se soumettre,
en 1261, aux rois de Norwège.

La langue islandoise est un dialecte norwégien : elle a été polie, aux douzième et treizième
siècles, par des individus qui, de leurs voyages
dans le midi de l'Europe, où fleurissoient alors
les troubadours, rapportèrent dans leur patrie
le goût de la poésie, et composèrent un grand
nombre de morceaux connus sous le nom de
Saga (tradition). Deux célèbres recueils de ces
poésies portent le nom d'*Edda* : elles fournissent
des renseignemens précieux sur l'ancienne mythologie des peuples du Nord.

4*

d. *Les Suédois* (Sueuske).

Les Suédois étoient déjà connus sous leur nom actuel, du temps de Tacite, dans le premier siècle. Les Goths, peuple germanique, qui, à une époque incertaine, sont allés s'établir dans la péninsule, à côté des Suédois, ont eu beaucoup d'influence sur la formation de la langue qu'on y parle aujourd'hui; cette langue est très-cultivée, et possède de très-beaux morceaux de littérature. Les Suédois et les Danois doivent être comptés parmi les nations les plus instruites de l'Europe.

Aucun des peuples que nous réunissons sous cette dénomination, ne forme une nation originaire et particulière ; tous proviennent du mélange des anciens habitans qui avoient adopté la langue latine, avec les peuples teutoniques et autres qui, depuis le cinquième siècle, ont successivement envahi ces pays.

La langue latine tire son origine du celte et de l'ancien pélasge, ou grec, surtout des dialectes éolique et dorique que parloient les colons grecs qui se fixèrent dans la Moyenne et la Basse-Italie. Le celte et le grec ont fourni aux Latins non seulement les racines de leurs mots, mais encore les formes grammaticales de la déclinaison et de la conjugaison ; par la suite, les formes prises dans le celtique tombèrent en désuétude, et on s'en tint uniquement à celles du grec, sans cependant approcher de leur perfection. La déclinaison du latin est sans article, et se fait par la flexion ; son substantif et son adjectif ont trois genres. Sa conjugaison se passe de l'aide des pronoms personnels ; et pour tous les temps de l'actif, elle n'a besoin d'aucun verbe auxiliaire; elle en a un seul pour quelques cas du passif.

La concision est le plus grand mérite de cette langue ; sa construction, plus libre que celle de toutes les autres langues, la rend sur-tout propre au style oratoire, mais lui donne aussi quelquefois de l'obscurité. Elle n'a pas, pour former des mots composés, la même liberté que la langue grecque, quoiqu'elle en approche pour la richesse des prépositions dont elle se sert pour former des verbes et des adjectifs composés ; sa construction par les participes n'est pas non plus aussi variée que celle de la langue grecque; mais, comme cette dernière, elle a une quantité très-bien déterminée, qui lui donne le moyen de reproduire tous les mètres de la langue grecque.

Une particularité remarquable de la langue latine, ou, si l'on aime mieux, une coutume des Romains qui n'a existé chez aucun peuple ancien, et que l'on ne trouve pas chez les modernes avant le dixième siècle après J. C., est l'usage des noms de famille, ainsi que du petit nombre de prénoms par lesquels se distinguoient les individus d'une famille. Tous les autres peuples de l'antiquité igno-roient l'usage des noms de famille ; chaque nom étoit personnel, et on ne distinguoit l'individu qui le portoit, qu'en y ajoutant celui de son père ou de son grand-père; et quand il étoit nécessaire d'indiquer aussi la famille dont il étoit sorti, cela se faisoit plutôt par une épithète que par un véritable nom. Parmi les nations modernes, les noms de famille ont été introduits, d'abord parmi les nobles, lorsque les fiefs devinrent héréditaires, en France dans le dixième siècle, en Allemagne dans le onzième, et quelques siècles plus tard seulement parmi les roturiers.

La littérature romaine, imitée de celle des Grecs, manque d'une certaine originalité, à l'exception de quelques genres qui sont nés sur le sol du Latium. Dans tous ceux où elle a eu des modèles, elle leur est restée inférieure; et cependant, dans la plupart de ces genres, elle a plus approché de la perfection que toutes les langues qui sont venues après elle. Ses époques brillantes ont été le temps qui a immédiatement précédé la perte de la république, et le règne d'Auguste. Dans le second siècle de notre ère, on s'aperçoit déjà de la décadence du goût, qui, depuis lors, fait des progrès rapides. Le bouleversement de l'empire romain, dans le cinquième, fit naître une espèce de latin corrompu, et mêlé d'un grand nombre de mots barbares : on l'appelle la basse latinité. Jusqu'au quatorzième siècle, il a été presque exclusivement la langue des livres

en occident. Une nouvelle époque commença,
pour cette langue, lors de la renaissance des
lettres en Europe : dans les quatorzième et
quinzième siècles, on s'appliqua avec zèle et
succès à l'étude de la langue latine. L'Italie en
donna l'exemple ; la littérature romaine y re-
fleurit une seconde fois, et ce pays produisit
un grand nombre de poëtes et de prosateurs
latins, qui, ayant formé leur style sur les beaux
modèles de l'antiquité, approchèrent de leur
pureté. Mais comme bientôt après les Italiens, et,
à leur exemple, les autres nations de l'Europe,
commencèrent à perfectionner leurs idiomes,
il se forma partout des écrivains élégans qui
employèrent dans leurs ouvrages leurs langues
maternelles. L'usage du latin fut alors réservé
aux seuls ouvrages d'érudition.

De nos jours, l'étude de cette langue a été
trop négligée, au grand détriment de tous les
genres de sciences et de littérature, puisqu'elle
est indispensable pour former le goût, et que,
sans elle, il ne peut exister d'érudition véritable : on peut même refuser à celui qui l'ignore
toute prétention au titre d'homme de lettres ;
à peine peut-il aspirer à celui d'homme bien
élevé. Il n'est même guère possible de savoir bien
la langue françoise, sans posséder quelque
connoissance du latin.

Il existe deux pays en Europe où le latin, quoique sous une forme très-corrompue, est parlé dans la vie commune; ce sont la Pologne et la Hongrie. L'usage de la langue latine parmi les peuples qui habitent ces deux pays, ne provient d'aucun rapport entre eux et les anciens Romains, mais uniquement du désir des personnes qui ont reçu une certaine éducation, de se distinguer du peuple en parlant une langue qu'il ne comprend pas.

A l'époque où le latin se parloit avec la plus grande pureté, on distinguoit deux dialectes, l'un appelé par Plaute *lingua nobilis*, et dans la suite *lingua classica* ou *urbana*; l'autre nommé *lingua plebeja*, *vulgaris* et *rustica*, parce qu'on le parloit surtout dans les campagnes. Les Romains introduisirent par force leur langue dans les pays soumis à leur domination; ils parvinrent même à faire disparoître la langue grecque à Marseille, et ils essayèrent, quoiqu'en vain, de l'abolir en Grèce; mais, comme la langue latine étoit portée dans les provinces par des personnes des classes inférieures, tels que des soldats, des esclaves, des négocians, c'est surtout la *romana rustica* qui s'y répandit; elle se corrompit même encore plus dans la bouche des provinciaux, qui y mêlèrent un grand nombre de mots de leurs langues primitives. C'est ainsi que, par exemple, dans les Gaules, il se forma une troisième langue composée du latin vulgaire et de la langue du pays; quoique très-différente du véritable latin, tel qu'on le parloit à Rome et dans les environs, elle étoit cependant nommée langue romaine ou *romance*. On la distinguoit, dans ces provinces, du latin pur, qui se maintint dans les premières classes de la société.

Dans le cinquième siècle, des peuples teutoniques envahirent l'empire romain; alors il se forma de nouveaux idiomes par le mélange de la langue romaine avec les divers dialectes teutoniques que les vainqueurs parloient : dans ce mélange, cependant, la langue romaine prit partout le dessus sur le teutonique. Les nations dont les langues se sont ainsi formées, et qui, de cette manière, ont perdu leur caractère originaire, sont les *Italiens*, les *Espagnols* et les *Portugais*, les *François*, les *Grisons* et les *Walaques*.

1. *Les Italiens* (Italiani).

Le nord de l'Italie fut peuplé par des Gaulois, une partie de la Moyenne-Italie par des Etrusques, peuple d'une origine inconnue[1] et de même race

---

[1] Les inscriptions étrusques qui nous restent n'ont absolument rien de commun avec la langue grecque; le caractère de l'écriture est asiatique. Quelques auteurs croient que les Étrusques et les Rhétiens étoient Celtes.

que les Rhétiens; les côtes du midi furent occu-
pées par des Grecs. Les Romains parvinrent à
faire disparoître dans ces pays les langues celtique,
étrusque et grecque, et rendirent général l'usage
de la langue latine. Le nom d'Italie signifia
d'abord la pointe la plus méridionale de la
presqu'île; par la suite ses limites s'étendirent
vers le nord; vers la fin du cinquième siècle de
Rome, elle alloit jusqu'au Tibre et à l'Æsis :
du temps de Polybe on donnoit le nom d'Italie
à toute la presqu'île jusqu'aux Alpes. Plus tard,
lorsque Maximien transféra le siége de l'empire
à Milan, l'Italie proprement dite n'embrassoit
que le nord de la péninsule; savoir : les provinces d'Æmilia, de Liguria, Flaminia, Venetia
et Histria, et c'est dans ce sens que les rois des
Lombards portoient le titre de rois d'Italie.

Lorsque les peuples germaniques envahirent
la Haute et la Moyenne-Italie, ils y introduisirent
un grand nombre de mots de leur idiome; d'un
autre côté, les conquêtes des Arabes, des Normands et des Aragonois eurent une influence
marquée sur le langage de la Basse-Italie. Tous
ces mélanges, dans lesquels la *romana rustica*
prédominoit, firent naître un grand nombre de
dialectes dans ce pays. Cependant il se maintint
constamment en Toscane un langage plus pur,
qui devint, par le Dante, Pétrarque et Boccace,

celui des livres et de la bonne société. Lorsqu'au commencement du seizième siècle, les papes eurent fait de Rome le principal siége des lettres, la langue étoit déjà formée par ces grands écrivains, et il ne resta aux Romains qu'à adoucir la prononciation du dialecte toscan.

La langue italienne, riche en voyelles, et possédant une quantité déterminée, est la plus douce et la plus harmonieuse de toutes les langues modernes. Sa poésie tient, sous le rapport de la versification, le premier rang dans la littérature européenne. Cette langue s'adapte mieux que toute autre aux compositions musicales.

La littérature italienne est la première qui se soit formée lors de la renaissance des lettres ; elle avoit atteint sa perfection, quand les nations du reste de l'Europe étoient encore plongées dans une espèce de barbarie. Dans quelques genres de poésie les Italiens peuvent disputer le rang à toutes les autres nations. Leur prose, qui a fourni quelques grands écrivains lors de la renaissance des lettres, a été par la suite un peu négligée.

2. Les Espagnols (Españoli).

Les Carthaginois, et après eux deux peuples germaniques, les Suèves et les Visigoths, enfin les Arabes, ont exercé une grande influence sur la langue espagnole, dont cependant la *romana rustica* est restée la base ; de manière que, de toutes les langues nées du latin, c'est l'espagnol qui lui ressemble le plus[1]. Les fortes aspirations qui le distinguent, lui viennent du teutonique et de l'arabe. L'espagnol d'aujourd'hui est le dialecte castillan qui, par Charles-Quint, devint la langue de la cour et de la noblesse. Dans le dialecte catalan il y a un très-grand nombre de mots françois ou limousins, comme on dit en Espagne.

La langue espagnole est parlée non seulement dans toute la péninsule au-delà des Pyrénées, jusqu'aux frontières du Portugal, mais aussi dans une grande étendue de l'Amérique. Cette langue est belle et pompeuse ; sa littérature a été beaucoup cultivée en France sous Louis XIII et Louis XIV, et a eu une grande influence sur celle des François. Aujourd'hui elle y est plus négligée qu'elle ne le mérite : les Allemands sont de tous les peuples ceux qui exploitent avec le plus grand zèle et avec cet enthousiasme qui

---

[1] Un savant qui s'est donné la peine de compter les racines latines, a trouvé qu'il en existe à peine quatre cents que les Espagnols n'aient pas adoptées, tandis que le nombre de celles qui n'ont pas passé dans le françois se monte à sept cents.

fait partie de leur caractère national, cette mine féconde en auteurs d'un grand génie.

3. *Les Portugais* (Portuguesi).

La langue portugaise n'est autre chose qu'un dialecte de l'espagnol. Jusqu'au douzième siècle le portugais et le gallicien formoient un seul dialecte différent de celui de la Castille, et qui provient probablement de ce que ces deux provinces ont été anciennement réunies sous l'empire des Suèves. Le dialecte gallicien a dégénéré en un simple patois; mais le portugais, devenu la langue d'une nation indépendante et d'une cour, s'est perfectionné et a fini par former une langue particulière.

4. *Les François.*

Lorsque les Romains entrèrent dans les Gaules, ils y trouvèrent trois peuples différens : au sud, les Aquitains, originaires d'au-delà des Pyrénées ; au milieu, les Celtes ou Gaulois ; et au nord, les Belges ou Kymri, nation mêlée de Germains et de Gaulois. A Marseille on parloit grec. De toutes ces langues, mêlées avec la romana rustica, se forma la langue *romance*[1].

---

[1] Plusieurs mots françois, principalement des termes de

Deux peuples germaniques, les Francs et les Bourguignons, occupèrent dans le cinquième siècle le nord et l'est, pendant qu'un troisième, les Visigoths, étoit maître du midi. Les Francs soumirent les Bourguignons et les Visigoths, et étendirent successivement leur domination sur toute la Gaule. Ils conservèrent pendant plusieurs siècles leur langue tudesque, et Charlemagne n'en savoit point d'autre. Mais comme ils étoient inférieurs en nombre aux peuples vaincus, leur langue se perdit successivement : leurs descendans adoptèrent celle des Gaulois, mais non sans y ajouter un grand nombre de mots teutoniques. C'est ainsi que se forma la langue françoise, dont un cinquième au moins est composé de mots germaniques, surtout du bas-allemand, ou des anciens dialectes franc et frison.

Dès le treizième siècle, la langue françoise se divisoit en deux dialectes, la langue d'Oc dans le sud de la France et en Catalogne, et la langue d'Oui au nord de la Loire. La langue d'Oc, qui étoit celle des provinces où les Aquitains, et après eux les Visigoths, avoient dominé, fut cultivée, épurée et perfectionnée avant sa sœur. Dès

marine, sont manifestement d'origine grecque, et paroissent avoir été introduits par les Marseillois. *Voyez* l'appendice IV à la fin de ce tableau.

les temps des Romains, les lettres et les arts avoient fait plus de progrès dans le midi des Gaules ; cette partie avoit ensuite moins souffert par les irruptions des barbares ; sous les foibles rois Carlovingiens il s'y forma des principautés presque indépendantes ; les cours des comtes de Provence , de Toulouse et de Barcelone aimoient et protégeoient les lettres ; la poésie françoise y eut ses troubadours dès le douzième siècle. Le nord de la France, au contraire, ne commença à être civilisé que dans le treizième siècle , et le fut principalement par les Normands; la langue d'Oc ou provençale perdit, dans les douzième et treizième siècles , les avantages qui l'avoient fait fleurir ; les comtes de Barcelone montèrent sur le trône d'Aragon , ceux de Provence régnèrent à Naples, et les comtes de Toulouse s'éteignirent. La langue d'Oc cessa alors d'être la langue des cours et de la noblesse, et dégénéra en patois, tandis que la langue du nord fut cultivée par l'influence d'une cour dont la puissance augmentoit de jour en jour, et par l'amour de la poésie qui s'éveilla en quelques provinces. Les comtes de Champagne et de Flandre firent alors pour elle ce que les princes du midi avoient fait auparavant pour la langue provençale. Le plus grand protecteur de la langue françoise fut François I, qui l'introduisit dans les tribunaux, à la place de la langue latine. Elle fut portée à son plus grand point de perfection dans le siècle de Louis XIV.

Parmi les patois françois, les principaux sont le *provençal* qui se rapproche de l'italien, le *gascon* qui a du rapport avec l'espagnol, le *poitevin* qui paroît ressembler beaucoup à l'ancienne langue françoise, telle qu'on la parloit au quinzième siècle, et le *languedocien*. Dans le nord on trouve le *wallon* qui est un mélange de françois, de flamand et d'allemand, et le *patois lorrain* dans les Vôges.

La richesse ne constitue pas le caractère principal de la langue françoise, presque entièrement privée de la faculté dont jouissent quelques autres langues, d'augmenter le nombre de leurs mots en formant des mots nouveaux, par dérivation ou par composition. Son substantif n'a que deux genres; sa déclinaison est très-simple et se fait à l'aide de l'article et des prépositions, sans aucune flexion, si ce n'est un léger changement qu'éprouve le pluriel. Sa conjugaison a peu de formes; plusieurs temps et tout le passif ne peuvent être exprimés qu'avec le secours des verbes auxiliaires. Sa pauvreté se manifeste surtout par la rareté des adjectifs dans lesquels, au reste, elle ne peut exprimer aucun degré, si ce n'est en y ajoutant des particules de comparaison; par le manque presque absolu de participes, et par le grand nombre de mots ayant plusieurs significations ou des désinences semblables, qui rend cette langue plus propre qu'aucune autre aux jeux de l'esprit et aux épi-grammes.

Trois propriétés distinguent la langue françoise de toutes les autres langues modernes. La marche simple, naturelle et régulière de sa construc-tion est tellement conforme aux principes de la logique, qu'elle n'admet le plus souvent qu'une seule manière d'exprimer une idée, et que quel-quefois il suffit de traduire en françois une pro-position qui paroissoit exacte en telle autre langue, pour en sentir sur-le-champ la fausseté. Cette marche uniforme lui donne une grande clarté ; et si les langues ne sont autre chose que des instrumens inventés pour nous servir à ex-primer nos idées, sans doute le plus parfait est celui à l'aide duquel les idées sont présentées de la manière la plus lumineuse.

La langue françoise est la seule de toutes les langues vivantes qui soit fixée ; seconde pro-priété qui la distingue. Elle doit cet avantage, que les étrangers essaieront vainement de nous faire regarder comme un inconvénient, à deux circonstances ; d'abord à l'établissement de l'aca-démie françoise qui, dès sa fondation, s'est arrogée une espèce de législation sur la langue ;

empire bien légitime, puisque la nation s'y est soumise spontanément; ensuite au hasard heureux qui a fait naître, presque à la même époque, les plus beaux génies dont les productions ont illustré cette langue. Indépendantes de toute autorité, la plupart des autres langues varient continuellement au gré des écrivains, tandis que des règles sûres et invariables ont prescrit des bornes insurmontables à l'audace de ceux qui ont essayé de changer la langue françoise. Elle paroît avoir atteint sa perfection, et toutes les tentatives que l'on a faites pour la porter à un plus haut degré ont été infructueuses.

La langue françoise manque entièrement d'accent tonique, et même à peu près de toute quantité; troisième propriété qui la distingue de la plupart des langues européennes [1]. Sa prosodie est par conséquent nulle, et compte plutôt les

[1] L'espèce d'accent tonique que tout récemment M. *Scoppa*, dans ses Vrais principes de la versification, a cru remarquer dans la langue françoise, ne mérite pas ce nom. Cet accent, s'il existe, ne marque ni la quantité ni la valeur des syllabes; ce n'est que le court repos que la langue prend involontairement à la fin de chaque mot polysyllabe qui n'est pas terminé par un *e* muet, ou après la pénultième syllabe, lorsque le mot est terminé par cette lettre. Au reste, ce n'est pas ici le lieu d'examiner la théorie de M. *Scoppa*.

syllabes qu'elle ne les mesure. Aussi la poésie françoise paroît-elle ne pouvoir se passer de la rime, et ne peut-elle imiter les rhythmes des anciens, que quelques peuples modernes ont, avec tant de succès, transportés dans les leurs. Tels sont les caractères de la langue françoise.

Cette langue, perfectionnée par les auteurs classiques du dix-septième siècle et par la cour polie et élégante de Louis XIV, convient mieux qu'aucune autre à la conversation de la bonne société, au commerce épistolaire et aux négociations diplomatiques. Quoique monotone par le défaut d'accent et de quantité, et par la surabondance des syllabes muettes, elle est très-harmonieuse et se prête admirablement à la déclamation. Après les langues anciennes, c'est celle qui a produit le plus grand nombre de chefs-d'œuvres littéraires, quoiqu'en différens genres elle soit inférieure à plusieurs autres langues modernes.

Le domaine de la langue françoise s'étend non seulement sur la plupart des provinces qui, avant 1792, faisoient partie du royaume de France, mais aussi sur quelques pays qui, avant cette époque, appartenoient à l'empire germanique, telle qu'une partie de la Belgique, l'évêché de Liége, la principauté de Montbéliard, une partie de l'évêché de Bâle, la ville de Geneve et la Savoie. Hors de France on parle françois dans les contrées de la Suisse dont les habitans descendent du mélange des Gaulois et des Bourguignons. Les nombreux descendans des réfugiés françois en Hollande et en Allemagne, ont conservé l'usage de leur langue maternelle à côté de celles des pays où leurs pères ont trouvé protection. Enfin la langue françoise est celle de la majeure partie des habitans du Canada, de la Louisiane et des Antilles françoises.

5. *Les Grisons.*

Le pays des Grisons étoit anciennement appelé Rhætia, et ses habitans étoient de la même race que les Etrusques. Lorsqu'il fut subjugué par les Romains, la romana rustica y fut introduite, ainsi que dans les Gaules et en Espagne. Mais la nature sauvage de ce pays, qui a toujours maintenu une espèce d'indépendance politique, est cause que cette langue s'y est moins ressentie que dans les autres pays, de l'influence des barbares qui ont envahi l'empire romain. Elle est parlée par la moitié des Grisons; l'autre moitié parle allemand ou un italien corrompu. Les Grisons appellent leur langue *rumonsh.*

6. *Les Walaques* (Rumanje).

Le mot de *Walaque* est slavon, et signifie un peuple de pasteurs. Les habitans de la Walachie se nomment eux-mêmes Romains (*Rumanje*), comme descendans des colonies que les empereurs romains ont établies dans ce pays. Plus qu'aucune autre partie de l'Europe, cette contrée a été dévastée par les peuples asiatiques qui ont envahi cette partie du monde, et par ceux du nord qui ont fait des incursions dans l'empire romain depuis le quatrième et le cinquième siècle. Il en est résulté un mélange de nations qui se manifeste par la langue dont la moitié à peu près est latine, et l'autre composée du slavon, du grec, du goth ou allemand, du turc, etc.

Telles sont les six nations dont les langues dérivent du latin.

Les Slaves, une des nations les plus nombreuses et les plus puissantes dont l'histoire fasse mention, habitoient originairement sur le Bas-Danube et au nord de la mer Noire. Dans le quatrième siècle, ils étoient sous la domination des Goths. Chassés, ainsi que ceux-ci, par les Chazares et les Huns, les Slaves s'étendirent vers l'occident, et occupèrent les pays situés sur la Vistule, où avoient demeuré anciennement les peuples nommés *Sarmates* par les Grecs et les Romains, et que les peuplades germaniques venoient d'abandonner. Lors de la destruction du royaume des Thuringiens par les fils de Clovis, ils s'emparèrent des parties orientale et septentrionale de l'Allemagne jusqu'à la Saale et au Holstein. Leur nom, ainsi que celui des Teutons, veut dire nation, ou, selon d'autres, il vient du mot *slovo*, et désigne un peuple parlant le même langage.

Les langues slaves diffèrent, dans leurs caractères, de toutes les autres langues anciennes et modernes. Elles abondent, beaucoup plus que les langues germaniques, en consonnes qu'elles se plaisent à accumuler au commencement des syllabes; beaucoup de ces consonnes sont mouillées, et, à la fin des syllabes, adoucies par un

son qui est propre à ces langues. Elles n'ont pas
d'article ; leur déclinaison se fait par flexion ;
le substantif a, comme le grec, trois nombres
et sept cas (les six cas des latins et un *instrumentalis*). Le Slave distingue, dans la déclinaison,
les êtres vivans des choses inanimées. Dans la
conjugaison, les personnes sont, comme en grec
et en latin, indiquées par flexion, sans qu'il soit
nécessaire d'ajouter un pronom personnel. Le
conjonctif manque, ainsi que le passif. Le Slave
a quatre futurs et autant de temps passés. Dans
les temps composés, il indique le genre. Les
langues slavonnes sont très-riches en participes,
dont elles se servent comme les Grecs. Le verbe
a des formes particulières pour désigner une
action transitive, celle qui dure quelque temps
et celle qui se répète. Le Slave emploie les prépositions comme le Grec, le Latin et l'Allemand.
Sa construction ressemble beaucoup à celle de
la langue latine.

La plupart des peuples slaves n'ont appris
l'art d'écrire qu'avec le christianisme. Voici
comment on raconte l'origine de leurs alphabets.
Les Slaves méridionaux en Pannonie, en Dal-
matie et en Servie furent, les premiers, instruits
dans le christianisme, par deux frères grecs,
nommés *Cyrille* et *Methodius*, qui ont vécu dans
le neuvième siècle. Le premier, qu'on nomme

aussi *Constantin - le - Philosophe*, arrangea, moyennant les lettres grecques, et à l'aide de quelques autres signes qu'il inventa pour exprimer les sons qui manquent en grec, un alphabet au moyen duquel tous les mots slaves pussent être écrits. On l'appelle alphabet *cyrillique*; c'est celui que les Russes ont adopté, avec de légers changemens. Les deux frères, aidés de quelques prêtres slavons, s'occupèrent alors d'une traduction de la Bible et de plusieurs autres livres liturgiques; ils célébrèrent même la messe en slavon. Cette innovation ayant déplu à la cour de Rome, et le mécontentement du pape s'étant étendu même sur l'alphabet dont les Slavons se servoient depuis Cyrille, on y fit quelques changemens, et on imagina, dans le onzième ou douzième siècle, une fable qui attribua à Saint-Jérôme l'invention de ce caractère, et même la rédaction de la liturgie slavonne, dont, à l'aide de cette fraude pieuse, on obtint l'approbation. Depuis ce temps on appelle ce caractère *hiéronymique* ou *glagolitique* (de *glagol*, lettre ou mot).

Les principaux peuples slaves sont les *Russes*, les *Serviens*, les *Croates*, les *Wendes*, les *Polonois*, les *Bohémiens* et les *Lusaciens*.

1. *Les Russes.*

Les Russes sont les plus orientaux de tous les Slaves, dont ils forment une des deux branches principales. Leur nom actuel date du neuvième siècle. Originaires du Danube, ils furent chassés de leurs demeures, dans le cinquième siècle, par les Bulgares; remontant alors vers le nord, ils fondèrent deux états indépendans, celui de Nowgorod et celui de Kiew. En 862, les Slaves de Nowogorod se soumirent à Ruric, chef des Warègues-Russes, peuple normand, et peut-être suédois [1], d'après lequel ils furent nommés Russes,

[1] Telle a été jusqu'en 1805 l'opinion commune. Cette opinion, développée par le célèbre *Schlœzer* dans ses divers ouvrages sur l'histoire du Nord, se fonde, 1.° sur le témoignage exprès de l'annaliste *Nestor*, qui dit que les Slaves de Nowogorod *passèrent la mer* pour appeler les Russes-Warègues, qu'ils engagèrent à venir les gouverner; Nestor ajoute que « depuis ce temps les Nowogorodiens furent appelés Russes, tandis qu'auparavant ils étoient Slaves »; 2.° sur le nom de mer Warègue que la mer Baltique a porté en russe plusieurs siècles après cet événement; 3.° sur ce que tous les noms des Warègues qui jouèrent un rôle lors de l'arrivée de ce peuple dans la Russie d'aujourd'hui, et quelque temps après, sont manifestement d'origine scandinave; ces noms sont Ruric, Sineus, Druwor, Igor (Jegwar), Iwar, Ingeld, Adolh, Swenster, Ruald, Oleg, Oskold, Dir, Bruniald, Karl, Fartov,

ou Grands-Russes. Oleg, successeur de Ruric, conquit l'état de Kiew, et le réunit au sien ; depuis

Weremund, Rugwold, etc. ; 4.° sur le témoignage de *Luitprand*, historien assez exact pour son temps, qui a vécu à la cour de Constantinople comme ambassadeur d'Otton-le-Grand. *Luitprand* dit : « Il existe un peuple septentrional que les Grecs appellent Russes, et que nous nommons Normands. » A ces raisons les partisans du système de *Schlœzer* en pourroient peut-être ajouter encore une, c'est que l'usage barbare porté en France par les Normands, et qui autorise à s'approprier les effets que la mer rejette sur les côtes, y a conservé le nom de *droit de warech*, qu'on peut avec plus de vraisemblance dériver des Warègues que du mot allemand *wrack*, ou même, comme a fait l'académie, du nom françois des *Fucus*.

Un nouveau système sur l'origine des Russes a été mis en avant dans un ouvrage publié en 1805 par M. *Ewers*. Ce savant croit que les Russes, peuple chazare, sont venus de la mer Noire. Cette opinion se fonde sur les raisons suivantes : 1.° Dès la plus haute antiquité on trouve entre le Danube et le Dnepr une nation que Strabon, Pline, Ptolémée et autres, appellent *Roxolani* : ce mot paroît composé de Rox et d'Alani, et indique sans doute une branche des Alains nommée Rox ou Ross ; 2.° Oskold et Dir, deux princes Warègues, attaquèrent Constantinople, en 866, avec une flotte de deux cents vaisseaux ; or, d'après Nestor, ces deux aventuriers étoient compagnons de Ruric, et par conséquent de même race avec lui ; mais les Grecs nomment le peuple qu'ils commandoient, des Russes (*Ros*), et leurs historiens disent qu'ils étoient un peuple scythe, habitant les côtes de la mer Noire ; 3.° Nestor ce temps, les Slaves de Kiew furent appelés Petits-Russes.

Dès le commencement du onzième siècle, les Russes eurent un annaliste, *Nestor*, moine de Kiew, dont l'ouvrage a été continué, sans interruption, par divers chroniqueurs, jusqu'au dix-septième siècle : circonstance qui est très-importante pour l'histoire de ce peuple.

nomme la mer Noire la mer Russe; 4.° on trouve à la cour de Constantinople une garde impériale nommée *Varangi* (Βαράγγοι), qui probablement étoit composée d'individus de cette nation limitrophe; 5.° dans le neuvième siècle, les Chazares étoient un peuple puissant dont la domination s'étendoit de la mer Noire au delà de Kiew; il est donc plus probable, d'après M. *Ewers*, de penser que les Slaves de Nowogorod, pressés par leurs voisins septentrionaux, ont cherché des protecteurs parmi ce peuple méridional, que d'admettre qu'ils se soient adressés pour cela à ceux mêmes qui les opprimoient.

M. *Vater*, célèbre professeur à Kœnigsberg, a voulu combiner ces deux systèmes. Tout en admettant que les Russes de Ruric, ainsi que ceux d'Oskold et de Dir, étoient originaires de la mer Noire, il nie qu'ils fussent Chazares; d'après lui, les Roxolanes dont ils descendoient étoient une nation germanique, et faisoient partie du grand empire de Hermanric, roi des Goths, qui s'étendoit depuis la mer Baltique jusqu'au Pont-Euxin.

Nous avons cru devoir rapporter les hypothèses de MM. *Ewers* et *Vater*, quoiqu'elles nous paroissent reposer sur des fondemens peu solides.

De toutes les langues slaves, la langue russe est celle qui contient le plus grand nombre de mots étrangers, surtout de finnois, de grecs et de mongols; mélange qui provient des relations que les Russes ont eues avec ces peuples. La réformation opérée par Pierre-le-Grand y a introduit beaucoup de termes allemands et françois. Il faut, au reste, distinguer deux dialectes russes: le russe vulgaire, qui depuis le dix-huitième siècle est devenu la langue des livres; et le dialecte usité dans la liturgie, que les Russes appellent ordinairement le vieux russe ou le slavon (*slawenski*); ce dernier est plutôt le dialecte des Serviens, par lesquels les Russes ont reçu le christianisme et les premiers élémens des lettres. Il s'est conservé dans les livres d'église, et a été, jusqu'à Pierre-le-Grand, employé seul pour la littérature. L'alphabet russe est celui de S. Cyrille avec quelques changemens[1].

[1] L'alphabet russe comprend trente-cinq lettres, dont vingt sont imitées des lettres grecques; savoir : A ; B (qu'à l'instar des Grecs, au moins modernes, les Russes prononcent comme le V françois; Г; Д; E (qui se prononce *ïe*); З (le ζ grec, qui leur sert pour l's adouci); И (*i* bref); I (*i* long); К; Л; M; И (c'est la forme qu'ils ont donnée à l'N); O; П; P; C (s dur); T ou Ш; Ф; X et Y; cette dernière lettre (l'Y grec) ne se trouve

2. *Les Serviens* (Serblin).

Les Serviens, originaires de la Galicie, occupèrent, dans le septième siècle, la province d'Illyrie, dévastée par le grand nombre de peuples

cependant que dans le langage de l'église et dans quelques
mots dérivés du grec; l'*ou* (en grec OY) est exprimé par Ÿ.
Dix caractères particuliers expriment des sons étrangers à
la langue grecque; ce sont les suivans : Б ou Б (pour *b*);
Ж (pour *j*); Ц (*ts*); Ш (*ch*, le *sch* des Allemands,
le *sz* des Polonois); Ч (*tch*, le *tsch* des Allemands, le *cz*
des Polonois); Щ (*schtsch*, le *szcz* des Polonois); Ы,
Я, Ю, Ѣ; ces quatre lettres, nommées *ieri*, *ia*, *iou*,
iat, sont destinées à des sons difficiles à expliquer en peu
de mots en françois; joignez-y le э, espèce d'*e* dont les
Russes ne se servent qu'au commencement de quelques
mots étrangers, parce que leur E se prononce comme
ie: Ѳ, qui se prononce comme *f* dans tous les mots
pris du grec qui ont le ϑ (comme *Feodor* pour *Theodor*,
Feodosia pour *Theodosia*, etc.), tandis qu'ils n'emploient
le Ф que pour l'*f* des langues vivantes; enfin, ces deux
signes ъ et ь, appelés *ierr* et *iér*; un des deux termine
nécessairement tout mot dont la dernière lettre est une
consonne, pour indiquer, soit que cette consonne doit
s'exprimer durement et comme si elle étoit redoublée, soit
qu'elle est mouillée et adoucie par un certain son qui a
quelque ressemblance avec l'*i*.

qui l'avoient traversée pour envahir l'empire d'occident. On appelle *Rasciens*, ou *Raïtz*, les Serviens qui demeurent au sud de la rivière de Rasca. Ils se servent des alphabets de Cyrille et du glagolitique dont nous avons parlé plus haut.

Le dialecte servien est ce qu'on appelle en Russie le vieux russe. Il est parlé non seulement par les Serviens[1], mais aussi par les Bosniaques, les Bulgares d'aujourd'hui , appelés Walaques par les Slaves[2], les Uscoques, les Morlaques (c'est-à-dire Bulgares habitant sur les côtes de la mer), les Esclavoniens (seul peuple slave qui ait conservé le nom originaire de la nation), les Dalmates et les Ragusois. Tous ces peuples sont aussi compris sous la dénomination générale d'Illyriens.

3. *Les Croates.*

Les *Croates*, proprement Chorvates, ou Chrobates, c'est-à-dire montagnards, sont venus

[1] La Nouvelle-Servie est une province russe, peuplée en 1754 par des colons serviens.

[2] Les anciens Bulgares étoient un peuple tatar, venu, dans le cinquième siècle, du Wolga ou Bolga ; mais ils adoptèrent successivement la langue des Serviens, en y introduisant cependant plusieurs mots tatars.

[3] Il ne faut pas les confondre avec les habitans de la Walachie. Nous avons déjà dit que les Slaves appellent Walaques tout peuple pasteur.

de la Galicie, dans le septième siècle, avec les Serviens, s'établir dans le pays qu'ils habitent aujourd'hui; ils se servent du caractère glagolitique, et se nomment aussi Illyriens.

4. *Les Wendes autrichiens.*

Le mot de Wendes, ou Windes, ou Vandales, n'est pas slave, mais allemand; il désigne un peuple côtier. Il est identique avec celui de Vénètes, et a été donné, dans différens temps, à des peuples d'origine diverse. Les Wendes dont nous parlons sont Slaves, et se sont fixés en Styrie, en Carniole et en Carinthie[1]; par conséquent, la plus grande partie d'entre eux sont aujourd'hui sujets de l'Empereur des François.

Ils se servent des caractères latins, dont ils ont formé des lettres composées pour exprimer divers sons étrangers à cette langue[2].

[1] La côte septentrionale d'Allemagne, le Holstein, le Mecklembourg et la Poméranie étoient habités, dans le moyen âge, par des Vandales ou Wendes septentrionaux. Leur langage s'est successivement éteint, excepté dans un très-petit district du pays de Lauembourg; mais l'allemand de ces provinces est mêlé de termes originairement slaves.

[2] Telle que *sch* pour *ch*; *sh* pour *j*; *zh* pour *tsch*, ou le *ce* des Italiens.

5. *Les Polonois* (Polaki).

Les Polonois, ainsi que les Russes, habitoient anciennement sur le Danube; dans le cinquième siècle, ils se fixèrent sur la Vistule; et dans le neuvième, ils fondèrent leur monarchie. Ils s'appeloient originairement *Lechs*. Le mot de Pologne signifie un pays plat.

Après avoir joué, pendant plusieurs siècles, un rôle brillant dans l'histoire de l'orient de l'Europe, et avoir été le peuple dominant dans le nord de cette partie du monde, les Polonois tombèrent, au dix-huitième siècle, dans une décadence absolue; ils finirent même par perdre leur existence politique et jusqu'à leur nom. Ils durent ces malheurs à une constitution vicieuse dans toutes ses parties, à la conservation du système féodal qui, en donnant les droits politiques à la seule noblesse, isola cette noblesse du corps de la nation; à un amour malentendu de la liberté, qui, en les empêchant d'investir leur gouvernement de la force nécessaire pour l'administration d'un grand état, fournit à des voisins ambitieux un prétexte pour se mêler de leurs dissensions intérieures. Le grand caractère que cette nation malheureuse développa pour la défense de son indépendance, montra qu'elle étoit digne d'un meilleur sort. La paix de Tilsit et celle de Schœnbrunn rendirent à une partie de la nation polonoise son existence politique, et on peut croire qu'un avenir plus brillant lui est destiné.

Les Polonois ont beaucoup cultivé leur langue dans le dernier siècle, surtout sous le règne de Poniatowski. Leur littérature a plusieurs beaux morceaux d'éloquence. La langue polonoise a presque entièrement disparu en Silésie, ancienne province polonoise[1], par l'influence des colons allemands qui y ont été attirés par ses souverains. Les Cassubes de la Poméranie et de la Prusse parlent encore un dialecte du polonois très-corrompu.

Les Polonois se servent de l'alphabet latin; ils expriment par des lettres composées divers sons pour lesquels l'alphabet de Cyrille a des signes particuliers; ils emploient des accens pour indiquer les consonnes mouillées, qui sont très-fréquentes en cette langue[2].

[1] Le mot de Silésiens veut dire les *postérieurs*, nom qui leur a été donné par rapport aux Bohémiens fixés *devant* eux.

[2] Les lettres composées sont *sz* pour *ch*; *cz* pour *tsch*; *z* pour *j*; le *c* se prononce toujours comme *ts*, même à la fin des mots; il est souvent mouillé ou suivi d'une espèce d'*i*, ainsi que le sont encore *n*, *s*, *z*.

6. *Les Bohémiens* (Czechs).

Les Bohémiens s'appellent Czechs (Tchekh), c'est-à-dire les antérieurs, comme étant la tribu la plus occidentale des Slaves. Ils ont été nommés Bohémiens[*] d'après le pays qu'ils occupent, et qui étoit anciennement le siége des Boii, avant que ceux-ci vinssent dans la Norique, qui, d'après eux, fut nommée Bavière. Les Czechs s'établirent en Bohême vers le milieu du sixième siècle, lors de la destruction du royaume de Thuringe. La langue et la littérature bohémiennes brillèrent de leur plus grand éclat sous l'empereur Charles IV, mais surtout du temps des Hussites, qui publièrent en cette langue un grand nombre d'ouvrages; elles sont déchues depuis que Prague a cessé d'être la résidence des rois.

Les Bohémiens ont conservé le caractère communément appelé allemand ou gothique; non le caractère ordinaire appelé en allemand *fractur,* mais celui qu'on nomme *schwabacher,* et dont

[*] Le peuple vagabond que par des raisons que nous ignorons on appelle en France Bohémiens, est aussi peu originaire de la Bohême que de l'Égypte; nous en parlerons plus bas.

6*

les Allemands se servent comme nous de l'*ita-lique*.

7. *Les Lusaciens* (Serske).

Les Lusaciens ou Sorabes, après la chute du royaume de Thuringe, occupèrent une grande partie de la Saxe, où l'on en trouve encore quelques restes. Leur nom veut dire habitans des marais. Leur langue s'est conservée en Lusace. Ils ont, comme les Wendes, adopté l'article qui manque dans les dialectes purement slaves.

VII. Les Grecs.

La dénomination de Grecs étoit également inconnue au peuple qu'elle désignoit chez les Romains, et à ses descendans, que nous appelons encore ainsi. Ces derniers se donnent le nom de *Romains*.

Les premiers habitans de la Grèce étoient les *Pélasges*; les *Hellènes* ou descendans de Deucalion, de son fils Hellen, et des peuples qui leur étoient soumis, se mêlèrent aux Pélasges, et donnèrent le nom d'Hellènes à toute la nation : c'est d'après une des tribus de ces Hellènes, les *Græci*, habitans de l'Epire, que les Romains donnèrent ce nom à tous les Hellènes, à peu près de la même manière que les François ont nommé Allemands tous les peuples teutoniques. La langue hellénique ou grecque, cultivée par une suite de grands écrivains, dans tous les genres, est la plus flexible, la plus harmonieuse et la plus riche que jamais les hommes aient parlée. Les plus belles productions de l'esprit humain ont été composées en cette langue. Deux fois, à un intervalle de dix-huit siècles, les lumières sortirent de la Grèce pour se répandre sur le reste de l'Europe : la première fois, par l'établissement des colonies grecques en Italie, en Gaule et en Espagne, et par les conquêtes d'Alexandre-le-Grand, qui portèrent la langue grecque dans la plus grande partie du monde connu ; et la seconde fois, après la prise de Constantinople par les Turcs, lorsque les savans grecs se réfugièrent en Italie, et y répandirent le goût de la littérature ancienne.

Par une destinée extraordinaire, la plus ancienne langue cultivée s'est maintenue, à travers toutes les révolutions, jusqu'à la prise de Constantinople par les Turcs, et même jusqu'à nos jours, quoique sous une forme dégénérée.

Le grec moderne ou *vulgaire* est né de l'ancien grec, qu'on appelle *littéral*, mais il a été successivement altéré par la domination et la législation des Romains ; par le mélange de mots introduits par les barbares du nord qui ont formé des incursions dans les provinces de l'empire d'Orient ; par les expressions qui y ont été reçues dans le moyen âge, lorsque les peuples occidentaux, et surtout les Italiens, établirent, dans les provinces de l'empire grec, des colonies et des factoreries, ou parvinrent même à y fonder leur domination ; enfin par la barbarie des maîtres actuels de ce pays, qui, depuis plus de trois siècles et demi, ont empêché les progrès des lettres et des sciences.

Le grec moderne [1] se divise en treize idiomes

---

[1] Les détails suivans sur le grec moderne sont pris des

principaux, qui se subdivisent encore en une infinité de jargons particuliers.

Ces idiomes principaux sont :

1.º L'idiome particulier à *Trébisonde*, auquel se rapportent en général les divers jargons particuliers des Grecs qui habitent les côtes de la mer Noire;

2.º L'idiome populaire des Grecs de *Constantinople*, qui comprend ceux des environs de cette ville et de toute la Thrace en général;

3.º L'idiome de *Nicomédie*, dont font partie les divers jargons des habitans grecs de l'Asie-Mineure et de l'île de Mitylène;

4.º L'idiome de *Macédoine*;

5.º Celui de *Thessalie*;

6.º L'idiome *attique*, qui est en général celui des habitans de la Grèce continentale et de la plupart des villes du Péloponèse;

7.º L'idiome particulier des habitans de la *Laconie* et de l'ancienne Sparte;

8.º L'idiome des *Sept-Isles ioniennes*;

9.º L'idiome appelé généralement *insulaire*, dont le caractère est commun à tous les jargons particuliers des îles de l'Archipel;

10.º L'idiome de l'île de *Chio*;

Observations sur l'opinion de quelques hellénistes touchant le grec moderne, par M. Codrika.

11.º Celui de *Crète* ;

12.º Celui de *Rhodes* ;

13.º Enfin celui de *Chypre*.

Indépendamment de ces idiomes provinciaux et des différens jargons qui en dérivent, le langage universel de la nation grecque, considéré dans son ensemble, c'est-à-dire la langue que parle et écrit, dans toutes les provinces, la partie instruite de la nation, et qu'on peut appeler le dialecte commun (κοινὴ ἁπλῆ διάλεκτος) se divise en quatre styles ou manières de s'exprimer.

1.º Le haut style *ecclésiastique* qui est, à très-peu de différence près, le grec ancien, non tel qu'il existoit à l'époque de sa pureté, mais tel qu'on l'écrivoit à la dernière période du Bas-Empire. Ce style est particulièrement réservé, non pour les sermons que le peuple n'entendroit pas, mais pour les actes ecclésiastiques émanés de la cour patriarchale ;

2.º Le style *politique* ou le langage dont se servent ordinairement les employés grecs près le gouvernement ottoman dans leur correspondance politique et dans leur conversation : il est mêlé de plusieurs expressions françoises, italiennes et turques ;

3.º Le style *commercial*, qui, pour tout ce qui a rapport au commerce et à la navigation, est composé de termes italiens ;

4.° Le style *littéraire*, qui est composé de termes et expressions anciennes, d'après la forme et la tournure du dialecte moderne.

C'est ce dernier style du langage commun que la partie instruite de la nation travaille à épurer des termes triviaux et des expressions barbares dont il fourmille, en le rapprochant de la langue mère autant que son génie le permet. On trouve l'emploi des quatre styles dans la traduction grecque de la *Pluralité des mondes de Fontenelle, par M. Codrika*.

On ne peut qu'applaudir au zèle de ces Grecs instruits qui travaillent à relever la plus belle langue du monde en la purgeant des barbarismes que le mauvais goût du moyen âge y a introduits : on a sans doute pris, pour réussir dans ce noble dessein, le moyen le plus efficace, en mettant entre les mains des Grecs de bonnes éditions des auteurs classiques anciens. On sait que cette entreprise patriotique, dont des négocians grecs fournissent les fonds, est dirigée à Paris par le savant docteur *Coray*.

Le grec moderne est parlé dans toutes les provinces européennes de l'empire ottoman, dans les îles de l'Archipel et au Levant. Dans tous ces pays, les Grecs forment une nation particulière subjuguée par les Turcs; elle attend son libérateur.

VIII. Les Turcs.

Les Turcs sont une branche des peuples que
nous nommons Tartares ou Tatars, et que les
anciens comprenoient sous la dénomination vague
de Scythes. La patrie des Turcs est le Turkestan,
situé entre les monts Altaï et le lac Aral. Vers la
fin du septième siècle, les Arabes firent la conquête de ce pays et y propagèrent leur religion :
ils reçurent les Turcs dans leurs armées et dans
leur garde, mais ceux-ci finirent par devenir
les maîtres de leurs souverains. Ils fondèrent
plusieurs empires, parmi lesquels les plus
célèbres sont celui des Seljoucides, qui dura
jusqu'en 1195, et celui des Osmans ou Ottomans qui, depuis le commencement du quatorzième siècle, s'est conservé jusqu'à nos jours.
Depuis 1453, les Ottomans possèdent Constantinople et la Grèce.

Par l'adoption de l'islamisme, il s'introduisit
dans la langue des Turcs un grand nombre de
mots arabes et persans. Les Turcs ottomans habitent, comme dominateurs, dans toutes les provinces de leur empire, au milieu des nations
subjuguées. Les Turcomans, les Usbeks, les

Buchariens, etc., sont des branches de la même
nation [1].

[1] *Voyez* des détails sur la langue turque, fournis par
M. *Kieffer*, dans l'appendice V qui se trouve à la fin de
cet ouvrage.

IX. Lettons (Latwi).

Ces peuples habitent les côtes de la mer
Baltique, à l'ouest de la Vistule. On n'est pas
bien sûr si les Lettons sont une nation originaire
et identique avec les Sarmates des anciens, ou
s'ils se sont formés par le mélange des Slaves et
des Teutons : il est certain néanmoins que leur
langue contient un très-grand nombre de mots
pris de celles des Goths et des Slaves [1]. Les *anciens
Prussiens* qui habitoient la contrée appelée par
la suite la Prusse orientale et occidentale, étoient la
branche la plus nombreuse des Lettons. Lorsque
l'ordre teutonique s'empara de ce pays, il s'appliqua à faire disparoître cette langue : ses efforts
réussirent au point qu'on n'y trouve plus rien de
prussien, et que les habitans sont devenus tout-
à-fait allemands. Aujourd'hui les Lettons ne se

---

[1] On remarque dans la langue lettonne beaucoup de
mots latins, tels que *pirmas*, *tertis*, *septmas*, *nevintas*,
descymptas, le premier, troisième, septième, neuvième,
dixième; *davus*, deus; *menesis*, mensis; *semenis*, semen;
et même des mots grecs. Peut-être une étude approfondie
de cette langue et sa comparaison avec le samscrit fourni-
roient-elles des résultats intéressans pour l'histoire des
peuples européens.

rencontrent plus qu'en Samogitie, en Courlande, dans une petite partie de la Livonie appelée Lettland, dans une partie de la Lithuanie, et sur le Curisch-Nerung. Ils sont serfs des familles allemandes à qui appartient la propriété exclusive des terres.

Sur le golfe de Bothnie on trouve quatre peuples d'une origine commune, qu'on peut désigner par le nom générique de Tschoudes que leur donne Nestor [1], ancien annaliste russe, et qui s'est conservé en Russie, où le lac de Peipus est encore nommé le lac des Tschoudes. Ces quatre peuples, auxquels le climat et le despotisme politique et civil ont assigné le dernier rang parmi toutes les nations de l'Europe, sont les Finnois, les Lapons, les Esthoniens et les Lives. Plusieurs autres peuplades de la même race se retrouvent en Asie; tels sont les Wotiakes, dans les gouvernemens de Casan et d'Orenbourg; les Tscheremisses, sur la rive gauche du Volga; les Tschouwaches, sur la droite; les Mordwines; les Wogoules, et peut-être les Madgyars ou Hongrois.

Leurs langues, au moins celles des Tschoudes de la Baltique, se distinguent par une singularité qui ne se retrouve pas dans beaucoup d'autres; c'est le grand nombre de cas de leur déclinaison;

[1] « Les Polonois, les Prussiens et les Tschoudes demeurent sur la mer des Warègues », dit cet annaliste. Voyez *Schlœzer*, Nestor, Vol. I, p. 55.

ils en ont jusqu'à quatorze [1]. Ils ne connoissent pas de genre, et leur verbe n'a que deux temps simples.

1. *Les Finnois* (Suomolain).

Les *Finnois* ou *Finlandois* sont les moins dégradés des peuples de race tschoude, parce qu'ils ont été moins opprimés que les autres. Ils s'appellent Suomalain, c'est-à-dire habitans d'un pays marécageux ; les Russes les nomment *Tschouchna* ; ceux qui habitent l'Ingrie sont nommés *Ischorki*. Ils ont été soumis, dans le douzième et le treizième siècle, par les Suédois : leur langage n'a pas les mots de roi, prince, ville, marché, route, etc., qu'elle a empruntés de celle des nouveaux maîtres du pays, et cette circonstance suffit pour se faire une idée de l'état de barbarie dans lequel ils étoient plongés avant la conquête.

2. *Les Lapons* (Same).

Ils habitent les contrées les plus septentrionales de l'Europe, vivent de la pêche et de la

---

[1] Les grammairiens les désignent par les noms suivans : *Nominativus, Nuncupativus, Genitivus, Dativus, Penetrativus, Locativus, Accusativus, Factitivus, Mediativus, Descriptivus, Vocativus, Ablativus, Privativus, Negativus.*

chasse, et sont les plus stupides de tous les peuples
européens. Ils vivent sous la domination de la
Russie, de la Suède et du Danemarck. Ils s'appellent *Same*, et leur pays *Same-ednam* ; le nom
de Lapons, qui signifie sorciers, leur a été donné
par les Suédois : les Russes les appellent *Lopari*.

3. *Les Esthoniens.*

Ils occupent l'Esthonie ou le gouvernement de
Réval. Les Aestyi que les Romains connoissoient
sur cette côte n'étoient pas nos Esthoniens, mais
un peuple germanique. Il paroît que ce nom,
qui signifie orientaux, a été transféré à leurs
successeurs de race tschoude. Ils n'ont pas adopté
de nom particulier : les Finnois les appellent
Wirolain. Ces Esthoniens, ainsi que leurs frères,
les Lives et les Lettons, sont serfs dans leur propre
pays, dont des familles allemandes se sont empa-
rées depuis le treizième siècle.

4. *Les Lives* (Liv).

Les *Lives* ont donné le nom à la Livonie, province qu'ils partagent avec les Esthoniens et les
Lettons, serfs, comme eux, de la noblesse allemande. Leur langue est sur le point de s'éteindre
et de faire place à celle des Lettons, qui est employée dans l'instruction religieuse.

XI. Hongrois (Madjars).

On ne sait pas avec certitude s'il ne faut pas
regarder les Hongrois comme un peuple de race
tschoude ; en effet, leur langue est composée d'un
grand nombre de mots finnois ; mais on a de la peine
à concevoir qu'un peuple d'un si beau sang et d'une
stature si avantageuse ait une origine commune
avec la race la plus abâtardie que l'on connoisse en
Europe. Il est plus probable que les Hongrois
sont une tribu originairement turque ou tatare,
mais qui, dans ses migrations, s'est tellement
mêlée avec des Finnois, des Slaves et d'autres
peuples, qu'on ne sait plus à quelle race ils appartiennent ; c'est un mélange de races plutôt qu'un
peuple particulier.

Les Hongrois habitoient anciennement entre
le Wolga, le Tobol et le Jaïk. Dans les septième, huitième et neuvième siècles, on les
trouve établis sur le Dnepr. Vers la fin de
ce dernier siècle, ils se rapprochèrent des monts
Crapacs. Ils furent appelés par Arnoul, roi
d'Allemagne, pour le secourir contre les Moraves.
Lorsqu'après cette expédition ils voulurent retourner chez eux, ils trouvèrent leur pays
dévasté par les Bulgares. Ils passèrent alors les
monts Crapacs, et se fixèrent dans la Pannonie.

Une des principales tribus qui resta en Europe, s'appeloit *Madjar*, et, d'après elle, toute la nation se nomme encore aujourd'hui *Madjars*. La dénomination de Hongrois leur est étrangère, et leur a été donnée par les Allemands qui les confondoient avec les Huns. Le mot de Madjar se trouve encore sur le Wolga, dans les anciennes demeures de ce peuple. Outre le finnois qui domine dans leur langue, on y trouve un grand nombre de mots slavons, turcs, germaniques, même persans et arabes.

XII. Albanois (Skipatar).

C'est un peuple d'une origine inconnue, peut-
être identique avec les Albanois de la mer Noire;
ils paroissent être les mêmes que les Alains qui,
dans le quatrième siècle, ont envahi l'Europe,
et dont une partie peut s'être fixée dans l'ancienne Illyrie. Les Turcs nomment les Albanois
Arnaut : eux-mêmes s'appellent *Skipatar.* Ils
ont embrassé le rit grec, et n'habitent pas
seulement les côtes de la mer Adriatique, mais
sont répandus dans tout l'empire turc.

Outre ces douze nations principales, on trouve encore en Europe quelques descendans d'*Arabes* dans l'île de Malte et en Espagne, et des *Samoïèdes*, peuple asiatique, dans le nord de la Russie européenne.

On trouve, de plus, trois nations originaires d'Asie, qui, vivant au milieu des Européens, leur sont restées étrangères et ont conservé leur caractère primitif. Ce sont les Hébreux ou Juifs, les Arméniens, et ce peuple vagabond que nous appelons Bohémiens.

1. *Les Hébreux ou Juifs.*

Les *Juifs* sont originaires de la Chaldée. Tharé, père d'Abraham, quitta cette contrée et alla dans le pays de Chanaan, où ses descendans menèrent, pendant deux siècles, une vie nomade, et adoptèrent la langue chananéenne ou chanaanitique, qui est l'ancien hébreu. C'est dans cette langue que sont écrits les livres sacrés des Juifs, jusqu'à la captivité de Babylone.

La langue hébraïque, une des branches des langues *sémitiques* [1], avoit un rapport intime

---

[1] C'est M. *Eichhorn* qui, le premier, s'est servi de ce mot, qu'*Adelung* a adopté dans son Mithridate. On

avec celle que parloient les Phéniciens. Ce peuple, le plus commerçant de l'antiquité, avoit, avec ses colonies, répandu sa langue dans les trois parties du monde alors connues. Les autres dialectes sémitiques étoient le chaldéen, le syrien et l'arabe. Entre tous ces dialectes il régnoit une grande analogie; quelques-uns ne différoient pas plus entre eux que le dialecte ionien des Grecs ne différoit du dorien et de l'éolien; et tous les peuples qui habitoient depuis les bords de la mer de Syrie jusqu'à la Médie avoient peu de peine à se faire entendre l'un à l'autre. Une conséquence de cette vérité est que les livres de l'Ancien Testament ont été écrits dans la langue que parloient, à cette époque, tous les peuples civilisés du monde, hormis les Égyptiens : il n'est

désigne par cette expression les peuples nombreux qui demeurent entre l'Asie-Mineure et l'Arménie d'un côté, et la mer des Indes de l'autre, depuis la Méditerranée jusqu'à la Médie, sur une surface huit fois plus grande que celle de l'ancienne France. *Adelung* divise les langues de ces peuples en trois dialectes principaux : l'araméen dans le nord, le chananéen dans la partie moyenne, et l'arabe au sud. Le dialecte araméen comprend le chaldéen avec ses branches, et le syrien ; sous le chananéen *Adelung* range le philistin, le phénicien, la langue punique et l'hébreu avec ses dialectes ; l'arabe est divisé en vrai arabe, en maure, en éthiopien, en mapulien (l'idiome des Arabes de l'Indostan) et en maltois.

pas question ici des Grecs, dont la civilisation ne commença qu'à l'époque où les Juifs alloient perdre leur indépendance[1].

La langue hébraïque doit avoir été cultivée dès la plus haute antiquité. Du temps de Moïse (1483 ans avant J. C.), elle avoit déjà perdu plusieurs caractères propres aux langues qui se trouvent encore dans leur enfance. Elle se prêtoit déjà à exprimer l'idée de l'unité de Dieu, et d'autres notions spirituelles pour lesquelles les langues non cultivées n'ont pas de termes. La poésie, origine de toute littérature, avoit déjà fait place à une prose très-régulière, qui prouve que depuis long-temps cette langue étoit écrite pour les usages de la vie sociale.

Le séjour des Israélites en Egypte doit avoir eu de l'influence sur leur langue, et lui avoir donné une forme différente de celle de leurs compatriotes qui étoient restés dans le pays de Chanaan. Moïse choisit, sans doute, pour ses écrits, le dialecte le plus perfectionné alors. Il n'étoit pas le premier écrivain de sa nation, puisqu'il a inséré dans la Genèse des passages d'ouvrages plus anciens. Il devint, dans cette langue, l'auteur

[1] L'événement qu'on appelle la captivité de Babylone eut lieu l'an 597 avant J. C., trois années avant la législation de Solon, cent cinquante ans avant Hérodote.

classique par excellence, et le modèle d'après
lequel tous les écrivains postérieurs formèrent
leur diction. Aucun d'eux ne put cependant
atteindre sa pureté. La langue hébraïque étoit
parvenue, sous lui, à son âge d'or, et elle ne fit
dès-lors que décliner. Le livre de Josué est rempli
de provincialismes et de barbarismes; les ouvrages qui furent rédigés plus tard portent des
caractères évidens de dégénération; et, vers la
fin de l'indépendance des Juifs, les chaldaïsmes
y dominoient.

Dans leur exil à Babylone, les Juifs oublièrent
presque entièrement leur langue, ou plutôt il se
forma, par le mélange de l'hébreu et du chaldéen, ou araméen, un nouveau dialecte qu'on
appelle le *vieux chaldéen*[1]. L'ancien hébreu ne
se conserva plus, parmi ce peuple, que comme
langue savante, qu'on employoit pour le service
de la synagogue.

Un troisième dialecte se forma, quelques siècles
après, lorsque la Palestine fit partie du royaume
macédonien de Syrie. On l'appelle le *nouveau*

[1] C'est pour éviter l'équivoque et l'espèce de contra-
diction apparente qui a lieu dans cette dénomination,
qu'il vaut mieux se servir du mot d'araméen pour désigner
le dialecte chaldéen qu'on parloit à Babylone, et par le
mélange duquel avec l'hébreu se forma le vieux chaldéen.

chaldéen, le syro-chaldéen, ou l'araméen occidental ; c'est le langage qui, dans les livres du Nouveau Testament, est nommé hébraïque. Il se conserva jusqu'au onzième siècle après J. C.

Après la destruction de Jérusalem[1], une portion considérable des Juifs resta ou s'établit dans la Judée. Ils formèrent, par degré, un système régulier de gouvernement, ou plutôt de subordination, qui lia les différens corps de Juifs dispersés dans tout le monde. Ils furent divisés en Juifs d'orient et Juifs d'occident. Les Juifs d'occident furent ceux qui habitoient l'Egypte, la Judée, l'Italie et les autres parties de l'Empire romain ; les Juifs d'orient furent ceux qui s'établirent à Babylone, dans la Chaldée et dans la Perse. Le chef des Juifs d'occident fut connu sous le nom de *patriarche* ; le chef des Juifs d'orient fut appelé *prince de la captivité*. L'office de patriarche fut aboli par les lois impériales, vers l'an 429 ; et, depuis ce temps, les Juifs d'occident ne furent subordonnés qu'aux chefs de leurs synagogues, qu'ils appeloient *primats*. Les princes de la capti-

---

[1] Les détails sur le gouvernement des Juifs après la destruction de Jérusalem sont pris des *Horæ Biblicæ*, ou Recherches littéraires sur la Bible, son texte original, ses éditions et ses traductions les plus anciennes et les plus curieuses ; ouvrage traduit de l'anglois de *Charles Butler* (par M. Boulard) ; Paris, 1811, in-12.

tivité subsistèrent jusqu'au onzième siècle ; ils résidoient à Babylone, et ensuite à Bagdad, ville bâtie par le khalife Abou-Giafar-Almanzor. Les Juifs avoient, à cette époque, de fameuses écoles à Tibériade, et ensuite à Babylone. La critique littérale des livres de l'Ancien Testament a de grandes obligations aux savans rabbins sortis de ces écoles.

Vers l'an 1038, les Juifs furent chassés de la Babylonie. Quelques-uns des plus savans passèrent en Espagne, où se fixèrent des colonies nombreuses de Juifs, qui aidèrent les Arabes à conquérir la péninsule. Depuis ce temps, il s'établit, entre les Juifs et les Musulmans, une grande liaison, qui fut cimentée par leur haine commune contre les Chrétiens. Encouragés par l'exemple des Arabes, les Juifs s'appliquèrent avec zèle à l'étude de leur langue et aux sciences : il se forma de célèbres écoles dans plusieurs villes d'Espagne. Ils purifièrent alors le dialecte syro-chaldéen, et l'amalgamèrent avec l'ancien hébreu : c'est ce qu'on appelle l'*hébreu des rabbins*, ou la langue savante que les Juifs instruits apprennent, outre celles des pays où ils sont nés.

La dispersion des Juifs sur toutes les parties du globe, et le phénomène qu'ils présentent d'un peuple qui, au milieu de toutes les autres nations, a conservé, pendant dix-huit siècles, sa langue,

ses mœurs, son caractère original [1], sont, sans
doute, des faits qui doivent exciter notre étonne-
ment. Ce peuple industrieux, mais plongé dans
la plus crasse ignorance, qui l'a rendu l'objet du
mépris de toutes les nations au milieu desquelles
il est établi, a éprouvé, pendant ce long espace
de temps, les persécutions les plus atroces, qui
ont contribué à l'abrutir de plus en plus. A différentes époques, les Juifs ont été bannis de la
France, de l'Espagne, de la Bohême, de la
Hongrie, de l'Angleterre et d'autres états. Aujourd'hui ils sont tolérés dans la plupart des pays
de l'Europe ; mais ils n'exercent la plénitude de
leurs droits civils que dans ceux qui sont régis
par le Code Napoléon. Le pays où ils sont les
plus nombreux et où ils ont conservé une espèce
de littérature, est l'ancienne Pologne. En général,
on divise les Juifs répandus en Europe, en trois
classes : les Juifs espagnols et portugais, qui se
trouvent non seulement dans la péninsule au-delà
des Pyrénées, mais aussi en France, dans la ci-
devant Hollande et en Angleterre, se distinguent
de tous les autres par une civilisation qui laisse

[1] *Tertullien* (Apolog. adv. gentes, c. XVI) disoit déjà
en parlant des Juifs : *Dispersi, palabundi, et cœli et soli
sui extorres vagantur per orbem, sine homine, sine Deo et
rege, quibus nec advenarum jure terram patriam saltem
vestigio salutare conceditur.*

peu de différence entre eux et les nations parmi lesquelles ils vivent : ceux d'entre eux qui tiennent plus rigoureusement à leurs traditions, prétendent être les seuls descendans des tribus de Juda et de Benjamin, et ne veulent, à ce qu'on dit, se mêler d'aucune manière à ceux des autres classes.

Les Juifs polonois, qui forment la seconde classe, sont ceux qui, dans leur costume et leurs mœurs, ont conservé, plus que les autres, le caractère oriental; ce sont les plus actifs et les plus industrieux de tous les Juifs. Ils se disent descendans des Galiléens. Habitant un pays qui ne renferme que des maîtres et des serfs, et où, par conséquent, à côté d'un haut degré de civilisation, se trouvent l'abjection et la barbarie, ils remplacent, jusqu'à un certain point, le tiers-état, qui commence seulement à naître dans ce pays-là. Ils y sont en possession de la plupart des métiers et des fabriques, et de presque tout le commerce : ils sont les courtiers sans l'entremise desquels presque aucune affaire ne peut être conclue.

Enfin, la dernière classe, la plus misérable et la plus ignorante de toutes, est celle des Juifs allemands, c'est-à-dire celle qui se trouve en Souabe, en Alsace, et dans les provinces françoises ou allemandes riveraines du Rhin : car les Juifs du nord de l'Allemagne sont de la même classe que les Juifs polonois. Exclus par les anciennes lois, et par une certaine paresse qui leur est devenue habituelle, de l'exercice de l'agriculture et de toute profession qui demande une certaine force corporelle, une grande partie de ces Juifs se sont bornés au commerce de brocanteurs, qui demande plus de ruse que de connoissances; ils sont devenus usuriers, et on les a souvent regardés comme le fléau des provinces qu'ils habitent. A diverses époques, l'état où ils se trouvent a fixé l'attention des législateurs, qui se sont vus obligés de publier à leur égard des réglemens particuliers, ou de les priver du bénéfice des lois générales. Il y a lieu d'espérer que les mesures qu'on a prises en France, depuis quelques années, pour faire sortir cette nation de l'état d'avilissement où elle est tombée, produiront des résultats heureux, et qu'après quelques générations, il n'y aura plus d'autre différence que celle de la religion entre les Juifs allemands de la France et le reste des citoyens de l'Empire.

Ce que peuvent à cet égard une sage législation et surtout l'exemple, on l'a vu par les progrès qu'ont faits, vers la fin du dix-huitième siècle, les Juifs de quelques provinces du nord de l'Allemagne et de la monarchie prussienne : ils ont marché, dans la civilisation et les lettres, d'un pas égal aux Chrétiens au milieu desquels ils vivent.

2. *Les Arméniens.*

Les Arméniens se donnent à eux-mêmes le nom de *Haïkans*, d'après un de leurs rois fabuleux, arrière-petit-fils de Japhet. Leur origine et leur histoire sont inconnues; il paroît qu'ils n'ont jamais formé un peuple indépendant, mais ont été de tout temps soumis à leurs voisins. Aujourd'hui leur pays fait partie de l'empire turc et de la Perse. Leur langue n'a de l'affinité avec aucune autre langue connue, excepté que, dans ses formes grammaticales et dans sa syntaxe, elle ressemble beaucoup plus aux langues européennes, surtout au grec, qu'à celles de l'Orient. Les substantifs n'ont pas de genre; il n'y a pas d'article; les déclinaisons sont au nombre de dix; chaque nombre a dix cas, qui sont indiqués par flexions[1]; la conjugaison ressemble à celle du grec, ainsi que la syntaxe.

Les Arméniens sont un peuple fort et robuste, qui s'occupe beaucoup du commerce, et qui s'est répandu dans toutes les provinces de l'empire ottoman.

[1] Les quatre cas que l'arménien a en sus de ceux du latin sont nommés par les grammairiens *Narrativus*, *Commorativus*, *Instrumentalis* et *Circumlativus*.

3. *Les Bohémiens.*

Ce nom a été donné, sans qu'on sache bien pourquoi, à un peuple errant et vagabond, qui, depuis le commencement du quinzième siècle, s'est répandu dans toute l'Europe, et que les Anglois et les Espagnols appellent *Egyptiens.* Il paroît démontré aujourd'hui, par les recherches qu'on a faites[1] sur la langue de ce peuple, qu'il est indien ; mais on ne trouve dans l'histoire aucune trace de son émigration, qui coïncide, à ce qu'il paroît, avec l'époque où Timour-Beg (Tamerlan) dévasta l'Inde, en 1408 et 1409. Outre la langue, on remarque, dans les mœurs des Bohémiens, plusieurs analogies avec celles des Hindoux : tels sont leur prédilection pour les habits rouges, l'enclume de pierre dont ils se servent pour forger, les danses licencieuses de leurs femmes, et le métier

---

[1] On connoît l'ouvrage de *Grohmann*, dont il a paru, il y a quelques années, une traduction françoise. *David Richardson* a reconnu dans le samscrit beaucoup de mots de la langue des Bohémiens, dont *Grohmann* ignoroit l'origine. D'après *Pallas*, le langage des Bohémiens a beaucoup de ressemblance avec celui des négocians originaires de Multan, province de l'Indostan située sur l'Indus, qui sont fixés à Astracan. Les recherches de *Büttner* ont donné le même résultat.

de diseuses de bonne aventure qu'elles exercent. Ainsi que les Pariahs, ou la dernière caste des Hindoux, ils ne vivent ni dans les villes, ni dans les villages, mais dans les bois ou dans les champs. Il y a, vers l'embouchure de l'Indus, une nation qui s'appelle *Tchinganes*, nom qui ressemble à celui de *Zinganes*, sous lequel ce peuple a été connu lors de son arrivée en Europe, et qui s'est conservé dans le mot allemand *Zigeuner*. Ils s'appellent eux-mêmes *Roma*, c'est-à-dire hommes; *Kola*, c'est-à-dire noirs, et *Sinte*. Cette dernière dénomination rappelle l'Indus, qui est appelé *Sind* dans le pays. Les Persans, et cette circonstance est importante, les nomment *Hindoux noirs*. Dans une partie de l'Allemagne, on les nomme Tartares (Tatars).

APPENDICE.

I.

Sur l'analogie de la langue indienne avec le grec, le latin, le persan et l'allemand, d'après M.ᵣ F. Schlegel [1].

L'ancienne langue *samscrite* ou plutôt *sonscrito*, c'est-à-dire la *langue formée* ou *parfaite*, nommée aussi *gronthon*, ou la langue des livres, offre les plus grands rapports avec la langue des Romains, des Grecs, des peuples germaniques et des Persans. On y trouve non seulement un grand nombre de racines communes à ces langues, mais la ressemblance s'étend même à des parties essentielles de la grammaire. Ce rapport intime ne peut par conséquent pas être accidentel, ni s'expliquer par

[1] Uber die Sprache und Weisheit der Indier; ein Beitrag zur Begründung der Alterthumskunde, von *Friedrich Schlegel*. Nebst metrischen Ubersetzungen indischer Gedichte; Heidelberg, 1808, in-8.° (Paris, F. Schœll).

un mélange fortuit des peuples ; c'est une ressemblance essentielle qui indique une origine commune. La comparaison de ces idiomes conduit à un résultat qui prouve que la langue indienne est la plus ancienne de ces langues, et que les autres en sont dérivées.

Le samscrit présente bien aussi quelque analogie avec l'arménien, avec le slavon et le celte ; mais elle est légère, ou au moins beaucoup plus foible que celle de cet idiome avec les quatre langues que nous croyons pouvoir en faire dériver. Cependant cette analogie peu marquée ne doit pas être négligée par l'homme qui s'occupe de recherches sur les langues, parce qu'elle se manifeste dans quelques formes grammaticales, dans quelques parties qu'on ne sauroit regarder comme purement accidentelles, mais qui tiennent à l'essence même de la langue.

L'hébreu et les autres dialectes *sémitiques* [1], et le copte, pourroient peut-être aussi fournir beaucoup de racines indiennes, mais cette particularité n'est probablement que le résultat du mélange des nations, et ne prouve nullement une origine commune. La grammaire de ces langues,

---

[1] Ce mot ne se trouve pas dans le passage de M. *Schlegel* dont nous donnons un extrait. *Voyez* la note ci-dessus, à la page précédente.

ainsi que celle de la langue basque qu'on pourroit être tenté de vouloir dériver du samscrit, diffèrent essentiellement de la grammaire indienne.

Aucune autre langue du nord et du sud de l'Asie (autant qu'on les connoit), ni de l'Amérique, n'offre de rapport essentiel avec celles qui ne forment, d'après nous, qu'une seule famille avec l'indien. Plusieurs de ces langues ont bien des formes grammaticales uniformes, mais toutes diffèrent de celles qui sont propres à l'indien; toutes diffèrent même tellement entre elles, sous le rapport de leurs racines, qu'il n'y a pas de possibilité de les ramener à une origine commune.

1.º *Ressemblance des racines.*

Un petit nombre d'exemples suffira pour prouver que la ressemblance des racines ne tient pas à quelques étymologies forcées; elle est si frappante, que tout homme non prévenu conviendra facilement de sa réalité.

Nous ne nous permettrons pas ces changemens ou transpositions de lettres qu'on a imaginés quelquefois pour trouver l'étymologie des mots; nous ne regarderons comme ressemblans que les mots entièrement identiques, ou qui ont au moins une analogie évidente dans les membres moyens.

Prenons d'abord quelques mots indiens qui appartiennent à la langue allemande.

indien.	*allemand.*	*traduct. françoise.*
shrityoti,	er schreitet,	il marche.
findoti,	er findet,	il trouve.
shlissyoti,	er umschliesset,	il renferme.
onto,	das ende,	la fin.
monouschyo,	der mensch,	l'homme.
shvosa, svostri,	die schwester,	la sœur.
rotho,	das rad,	la roue.
bhrouvo,	die brauen,	les sourcils.
torsho,	der durst,	la soif.
tandovon,	der tanz,	la danse.
ondani,	die enten,	les canards.
noko,	der nagel,	l'ongle[1].
sthiero,	stier,	fixe.
oshonon,	das essen,	le manger.

D'autres racines se retrouvent plus nettement dans les langues nées de l'allemand, ou qui ont avec lui de l'affinité.

indien.	*françois.*	
youyon,	vous,	en anglois : *you.*
shvopno,	le sommeil,	en islandois : *sveffn.*

[1] Ou peut-être le clou; car le mot allemand signifie l'un et l'autre.

indien.	*françois.*	
lokote,	il voit,	dans le vieux allemand : *er luket*, qui se retrouve encore dans le dialecte souabe.
upo,	sur,	dans le bas - allemand : *up*.
vetsi, vetti,	tu sais, il sait,	dans le même : *du veest, he veet*.

En général, le bas-allemand est d'une haute importance pour l'étymologie, parce qu'il a mieux conservé les formes antiques et primitives.

Nous ne nous étendrons pas sur les mots communs à l'allemand, au latin et à d'autres langues que nous dérivons de l'indien : nous n'en donnerons que quelques exemples, tels que,

indien.	*allemand.*	*latin.*
nasa,	die nase,	nasus.
mishroti,	er mischet,	miscet.
nomo,	der name,	nomen.

et quelques-uns de ceux qui se retrouvent en persan, tels que,

indien.	*allemand.*	*persan.*	*françois.*
tvari,	die thüre,	ter,	la porte.
bond,	das band,	bend,	le lien.
ghormo,	warm,	guerm,	chaud.

Encore moins nous arrêterons-nous aux noms de père, mère, frère et fille, qui sont presque identiques dans toutes ces langues (en indien : pita, mata, bhrata, duhita); nous observerons seulement que, dans tous ces mots, l'*r* finale qui manque reparoît à l'accusatif et à quelques autres cas.

Parmi les mots grecs, nous choisirons préférablement pour exemples ceux qui montrent à la fois la ressemblance ou l'identité des racines et celle des formes, ou qui constituent les premiers élémens de la langue. Ainsi les mots indiens *osmi*, *osi*, *osti*, je suis, tu es, il est, répondent parfaitement aux anciennes formes εσμι (au lieu de ειμι), εσσι (au lieu de εις), εστι. La lettre *o* qui, dans tous ces mots, remplace l'*e*, n'est autre chose que la voyelle brève exprimée seulement au commencement des mots, mais qu'on omet lorsqu'elle se rencontre dans le mot même; cette lettre signifie, dans le système des grammairiens, un *a* bref, mais elle se prononce presque toujours comme *o* ou comme un *e* bref. *Dodami*, *dodasi*, *dodati*, je donne, tu donnes, il donne, est le διδαμι, διδως, διδωσι. *Ma* est en samscrit la négation, comme μη en grec. L'*a* bref ou l'*o* bref s'ajoute au commencement des mots pour les rendre négatifs, comme l'*α* privatif en grec. *Dur*, en tête des mots, exprime le δυς des Grecs, le *dusch* des Persans, comme dans le mot persan *duschmen*, le malintentionné, l'ennemi, eu indien *durmonah*. Non seulement l'Indien peut, comme le Grec, le Latin et l'Allemand, modifier de beaucoup de manières la signification d'un mot, en le composant avec des particules ; mais la plupart des particules dont il se sert pour exprimer ces diverses nuances, se retrouvent dans les langues des trois autres peuples. Les suivans sont communs à l'indien et au grec : *son*, συν ; *poti*, l'ancien ποτι, pour lequel on disoit ensuite προς ; *onou*, ανα. *Pro* se retrouve en latin et en grec ; *a* est l'*ad* latin et l'*an* allemand ; la négation *no* s'accorde avec le latin et l'allemand ; *upo* est l'allemand *auf*, d'après la prononciation de la Basse-Saxe (*up*), ainsi que *out* est l'allemand *aus*, en bas-allemand *ut*.

Ceux qui s'occupent de l'étude des langues savent tous de quelle importance est l'analogie dans des mots si élémentaires. Nous passons sous silence ceux où l'analogie ne se trouve que dans la racine, sans offrir d'autre particularité. Tels sont *osthi*, οστεον ; *protomo*, πρωτος ; *etoron*, ετερον ; *udokon*, ὑδωρ ; *druh* et *drumoh*, δρυς ; *labho*, *lobhote*, analogue à λαβω, λαμβανω ; *pizote*, πιω ; *sevyoti*, σεβω ; *masoh*, μεις. La lune est appelée *chondromah* ; il paroît que *mäh* est la racine d'où vient *masoh*, le persan *mäh* et l'allemand *mond*, qui, dans le bas-saxon, se prononce *mahn*.

C'est dans la langue latine qu'on trouve le plus grand nombre de racines indiennes. *Vohoti*, vehit; *vomoti*, vomit; *vortute*, vertitur; *suonoh*, sonus; *nidhih*, nidus; *sorpoh*, serpens; *navyon*, navis; *donon*, donum; *dinon*, dies; *vidhova*, vidua; *podon*, pes, pedis; *asyon*, os; *yanvonah*, juvenis; *modhyah*, medius; *yugon*, jugum; *yunkte*, jungit. Cette dernière racine s'étend très-loin, et les mots qui en dérivent jouent un rôle important dans la terminologie philosophique des Hindoux. *Rosoh*, ros; *viroh*, vir; *dontâh*, dentes, en persan *dendan*; *soroh*, series; *keshoh*, les cheveux, est peut-être la racine de cæsaries; *ognih*, ignis; le mot *potih* est employé dans la composition, comme potens en latin. Nous passons des mots qui pourroient avoir été formés par onomatopée, tels que *shushuoti*, sugit; *mormorah*, murmur; *tumuloh*, tumultus, et plusieurs autres qui ne présentent pas aussi évidemment que les précédens une origine commune.

Pour les conformer au génie de la langue persanne, les mots indiens qui s'y retrouvent ont dû subir des abréviations considérables; il est bien rare qu'ils aient été conservés en entier, comme *rojo*, lueur, dans le persan *rouchen*. Non seulement la terminaison manque ordinairement, ce qui rend monosyllabes les mots composés en indien de deux syllabes, comme *apoh*, eau, changé en *âb; aspoh*, cheval, en *asp; bhishmoth* ou *bhimoth*, terreur, en *bim; shiroh*, la tête, en *sher; shackhoh*, branche, en *chakh; kamoh*, désir, en *guiâm;* mais souvent des syllabes plus essentielles disparoissent, comme le montrent les exemples suivans :

persan.	*françois.*	*indien.*
pa,	le pied,	podo ou pado.
pur,	plein,	purnon.
ton,	le corps,	tonuh.
deh,	dix,	doshoh.
siah,	noir,	shyamoh.
pak,	pur,	pavokoh, purifica-teur, épithète du feu.

A peine *mitroh*, qui en indien signifie ami, et est en même temps une épithète du soleil, se reconnoîtroit-il encore dans le persan *mir*, si le *mithras* des anciens qui en est évidemment formé, et l'analogie de beaucoup de cas semblables, ne venoient à notre secours. On est tenté de croire que *dam*, en persan le souffle, vient de l'indien *atmoh*, esprit, mot qui s'est conservé dans ἀτμη et dans l'allemand *athem*. Pour la dérivation du persan, il sera donc très-utile d'avoir égard à la forme plus moderne et abrégée que les anciens mots samscrits ont prise dans le prakrit ou dans les dialectes hindoux.

L'exemple du persan prouve qu'une langue qui a une si grande propension à abréger les mots, qu'elle ne ménage pas même les racines et les syllabes primitives, se rapproche des onomatopées; car, de toutes les langues dérivées de l'indien, le persan a le plus de mots qui imitent les sons naturels.

Les mots indiens souffrent moins d'altérations en latin; ils en éprouvent un peu plus en grec et en allemand. Cependant la comparaison prouve constamment que la forme indienne est la plus ancienne. Comme l'argent monnoyé perd son empreinte par la circulation, et acquiert une surface polie, de même les mots, par le long usage, perdent insensiblement une partie de leurs syllabes : de *roktoh,* on a bien pu faire le mot allemand *roth,* rouge; de *schlesmo* celui de *schleim,* glaires; et de *vohuholon* celui de *viel,* beaucoup; mais non vice versa.

Souvent les formes qui, dans les langues dérivées de l'indien, se sont beaucoup éloignées les unes des autres, se retrouvent dans le samscrit comme dans une racine commune. De *putroh* on a pu faire aussi bien le latin *puer* que le persan *puser;* de *svedoh* aussi bien l'allemand *schweiss*, ou plutôt le bas-allemand *swede*, que le latin *sudor*. Dans *noroh* se retrouvent le persan *ner* et le grec ανηρ; dans *trasoh*, la peur, le grec τρεω, le latin *tremo* et le persan *tresiden*; *samudron*, la mer, renferme à la fois le *see* des Allemands et le ύδωρ des Grecs. On n'oseroit faire dériver le mot allemand *knie*, genou, de *ianu*, si l'on ne voyoit le passage de l'un à l'autre dans γονυ et *genu*.

Quelques mots des langues modernes dont on ne connoît pas l'origine, peuvent être dérivés de l'indien. Tel est le latin *prandium*. On ne trouvera pas forcée sa dérivation de l'indien *prahnoh*, avant-dîner, mot composé de *pro* et de *ohnoh* qui est un des cas de *ohoh*, le jour. *Monile* vient très-naturellement de *moni*, bijou. *Sponte* est l'ablatif indien de *svante*, qui a la même signification; ce dernier mot est composé de la particule *svo* et de *onto*, quod finem suum in se habet.

La concordance dans des flexions qui paroissent tout-à-fait propres aux langues modernes, est souvent frappante; comme celle de *ayonton* avec *enntem*, de *yati* ou *eti*, il marche, avec *it*. Elle se retrouve quelquefois dans des mots composés, comme dans le *tvarsthito* indien, ou l'allemand *thürsteher*, portier (janitor), et dans *ontortvari*, en allemand *innere thüre*, porte intérieure.

Dans ce passage de la langue mère à une des langues dérivées, le même mot indien s'accorde quelquefois mieux avec l'une de ces langues qu'avec l'autre. *Chindonti* ressemble à *scindunt;* mais l'infinitif du même verbe, *chettun,* se rapproche davantage de l'allemand *scheiden. Tonu* est plus analogue au *tenuis* latin qu'à l'allemand *dünn,* mais la forme *tonoti* ressemble plus à l'allemand *dehnet* qu'au latin *extendit.* Nous avons déjà parlé de la particule indienne *ut* qui se retrouve dans le bas-allemand; son comparatif *uttoron* est l'allemand *æussern,* ou plutôt le bas-allemand *utteren;* son superlatif *uttomon* rappelle le latin *ultimum.* La racine commune de tous les mots latins, allemands et persans de la famille *mors, mord, murd,* est indienne : c'est *mri* d'où vient *mortyah, moronon,* etc. Il est de même de la famille *stehen* ou *stand, stare,* qui est si répandu en grec, en latin, en persan et en allemand. *Tisthoti,* il est debout, ressemble plus à ἵστημι; *sthanon,* le lieu, au persan *sithân; sthiro,* fixe, à l'allemand *stier. Janami, gigno,* γινώσκω, est encore une racine très-féconde.

Les mots qui signifient esprit, savoir, parler, fournissent plusieurs exemples de l'analogie de ces langues. *Monoh* est le latin *mens; monyote* est l'allemand *ermeinte; motih* est le grec μῆτις. *Amodoh* ressemble à l'allemand *anmuth; unma-*

doh pour *utmadoh* répond littéralement au latin *exmens*, et se retrouve peut-être, quoique défiguré, dans l'anglois *mad*. Nous avons déjà parlé d'*atmoh*, qui est en grec ἀτμη, et en allemand *athem*. De la racine *vedo*, se forme *vetti*, le savoir, en allemand *wissen*, en bas-allemand *weten*; le latin *video* est resté plus fidèle à la forme, mais sa signification s'est altérée. De *jna*, savoir, reconnoître, comprendre, viennent les mots persans *chinakhten*, *chiniden*, etc. La racine *dhi* signifie méditer; on en fait *dhyote*, qui est l'allemand *er dichtet*, dont la signification originaire étoit : il médite; c'est dans ce sens que ce mot est encore employé par *Luther* dans sa traduction de la Bible, et même aujourd'hui dans cette phrase : *Dichten und trachten*. De la même racine *dhi* vient *dhyayo*, *dhyayoti* qui a de l'affinité avec *er dachte*, il pensoit. *Vox* peut venir de *vocho* ou de *vakyon*, car l'un et l'autre se disoient en samscrit. *Re* signifie la langue et la parole, ainsi que l'allemand *rede*. *Ganon* est le *cantus* latin, de la racine *gi*, *giyote*, il chante; en persan *khanden*, chanter et lire.

Les pronoms indiens ont plus de rapport avec ceux du latin qu'avec ceux des autres langues dérivées. *Tvon*, toi, se retrouve dans toutes ces langues; mais la première personne *ohon*, moi, est différente; peut-être pourroit-on en trouver

une trace dans le celte *on*. Le datif *moya*, à moi,
est le grec μοι ; *me*, moi à l'accusatif, existe en
latin et en grec. De la racine *svo*, d'où vient le
latin *suus*, *sua*, *suum*, et l'allemand *sein*, on
forme des cas qui sont tout-à-fait identiques avec
ceux du latin ; *svon* est *suum* ; *svan* est *suam*, etc.
Le pronom *eschoh*, *eschah*, *etot*, est la racine de
is, *ea*, *id*, et de *iste*, *ista*, *istud* ; le *t* que les Latins ont ajouté aux deux premiers genres et qui
manque dans le samscrit, se retrouve aussi dans
la déclinaison d'*eschoh* et d'*eschah*. La forme
latine *id* est en samscrit *iti*. *Koh* (ou *kos*), *ka*, *kon*
est le *qui*, *quæ*, *quod* ; *kan* est *quam* ; *kim* est
quid, en persan *ki*. Nous avons parlé de *youyon*
qu'on trouve dans le *you* anglois ; le pronom
soh existe en hébreu et en arabe, et existoit dans
le vieux langage allemand : son accusatif *ton* est
le même en grec, τον, en allemand *den* ; le génitif
tosyo est l'allemand *dessen* ; le pluriel *te* est le
die, *tot* ou *tat* le bas-allemand *dat*.

L'analogie est très-grande dans les noms de
nombre. Presque tous sont identiques avec ceux
des langues que nous croyons pouvoir dériver
de l'indien. *Eko*, *poncho*, *shoto*, *sohosro* sont
les nombres persans *yek*, *pendi*, *sad*, *hezár* ; tous
les autres nombres inférieurs, excepté *khotur*,
quatre (qui se retrouve cependant dans le slavon
khetyr), sont parfaitement identiques avec nos

langues : les nombres ordinaux *twitiyoh, tritiyoh,*
le second, le troisième, sont les mêmes en bas-
allemand, *tweete, drüdde. Soptomos, soptoma,
soptomon* ne sauroient être méconnus dans
septimus, septima, septimum, ni *duadosho* dans
duodecim.

Nous allons rapporter différens exemples de
mots qui ont bien aussi leurs racines en indien,
mais d'une manière un peu plus cachée, et qui
demande quelque analyse. *Magnus,* en allemand
mæchtig, en persan *mih,* en indien *maho.* L'indien *volo* ou *valo,* force, se montre dans *validus;
tomo,* obscur, et *lohitoh,* rouge et brûlant, se
retrouvent dans les mots allemands *dæmmern* et
lohe; chestote, il cherche, a de l'affinité avec
quæsitus. On pourroit accumuler ces exemples
si on vouloit y comprendre les mots qui ont
conservé leur forme, mais éprouvé une nuance
dans la signification ; comme *vijon,* le germe,
dans *vis; guno,* la manière, dans le persan *goun,*
couleur. Peut-on douter de l'identité des verbes
morden en allemand, et *murden* en persan,
quoique le premier ait une signification active
et que l'autre soit passif. *Div* en persan, *devo*
en indien, *divus* et *deus* en latin, sont le même
mot, quoique *div* signifie un mauvais génie et
devo un bon. *Modhuroh* (ou *modhuros*), *modhura,
modhuron* est bien *maturus, matura, maturum,*

quoiqu'il ne signifie pas *mûr*, mais *doux*. Le substantif *modha*, miel, est l'allemand *meth*, hydromel. *Lokoh*, le monde, l'espace du monde, est *locus*; *vesthitoh*, couvert, *vestitus*; *mord-jaroh*, le chat, se trouve dans l'allemand *marder*. En général les noms des animaux passent souvent à des espèces éloignées, comme le prouvent le latin *vulpis* et l'allemand *wolf*. *Mourgh* en persan, l'oiseau, a si peu de ressemblance avec *mrigo* qui, en indien, signifie bête fauve, et surtout chevreuil, qu'on ne s'aviseroit pas de chercher de l'analogie entre ces deux mots, si la racine de *mrigo* ne signifioit en général chasser et s'enfuir. Chez les écrivains indiens *topo* ou *tapo* signifie si souvent la pénitence qu'on oublie presque sa signification primitive qui est *chaleur*, signification qui est restée au latin *tepeo*. C'est ainsi qu'on trouve du rapport entre des mots qui ne paroissent en avoir aucun, pourvu qu'on connoisse les termes moyens et que l'on examine les langues dans leur affinité. *Bou*, qui en persan signifie odeur agréable, pourroit bien venir de l'indien *poushpo*, fleur; ce qui rend cette dérivation d'autant plus probable, c'est que le même mot *bou* se trouve dans *boustan*, jardin : il y a de l'affinité entre ces mots et l'allemand *busch*, bosquet.

2. *Ressemblance de la structure grammaticale.*

On objectera peut-être qu'à la vérité, l'affinité entre le sanscrit, le persan, le grec, le latin et l'allemand est manifeste, mais que rien ne prouve que le sanscrit est la langue primitive, la langue mère des autres ; que l'analogie qui existe entre ces idiomes peut provenir du mélange des nations. C'est la comparaison de leurs grammaires qui détruira complétement cette objection.

Parlons d'abord de la grammaire persanne. Par suite des liaisons étroites qui ont subsisté long-temps entre les Arabes et les Persans, la grammaire des derniers a emprunté tant de formes de celle des premiers, qu'elle s'accorde beaucoup moins avec la grammaire indienne, que les grammaires grecque, latine et allemande. Cependant ces deux langues ont conservé quelque ressemblance frappante sous le rapport de leurs formes.

La déclinaison n'en offre que bien peu ; on peut en trouver dans le comparatif persan *ter,* qui ressemble en effet à celui du grec et à l'indien *taro,* et dans le diminutif qui se termine en *k,* comme en allemand et en indien ; par exemple, *manekovoh,* petit homme, en allemand *mænnchen; dohhtereq,* en persan petite fille, en allemand *tœchterchen.* La conjugaison présente des analogies plus nombreuses. La première personne du verbe persan s'exprime par une *m* finale que l'on ne trouve plus en latin, mais qui, en indien et en grec, s'exprime plus complétement par *mi;* du *si* de la seconde personne en indien et en grec, l'*i* seul est resté; la troisième personne s'exprime par *t* ou *d,* au pluriel par *nd,* comme en latin et en allemand; en grec, d'après la forme primitive plus complete, par *ti* et *nti.* Le participe du présent de l'actif se termine en persan en *ndeh,* en allemand en *nd,* anciennement *nde;* le participe prétérit passif en *deh,* précédé d'une voyelle longue, ressemble au latin *tus, ta, tum* et à l'ancienne forme gothique.

Les terminaisons persannes en *qu/eâr, vâr, dâr* qui dans les adjectifs désignent celui qui agit d'une certaine manière, qui a certaine nature ou qui possède quelque chose, répondent aux terminaisons indiennes *karo, varo, dhoro;* la terminaison *mân* à celle du participe indien *mano.* Les particules négatives *ne, ní, ma,* sont *no, ní, ma* en indien; le *bi* privatif qui en persan est mis à la tête des mots, est en indien *vi; ender* et *enderoun,* dedans, intérieur, sont comme l'indien *ontor* et *ontoron.*

Le verbe auxiliaire *est* ressemble à l'indien *osti; boud,* ayant été, à *bhôvoti; bhodi,* au passé, à *obhut. Guerden*, faire , est en persan un verbe auxiliaire d'un grand usage , comme *korttun* l'est dans les dialectes indiens : quelques flexions de la racine indienne *kri*, comme *kriyan, kriyote* sont analogues au latin *creare*.

Il seroit intéressant de faire des recherches sur l'état ancien de la grammaire persanne : peut-être trouveroit-on qu'elle a eu beaucoup plus de ressemblance avec la grammaire indienne et grecque, qu'elle n'en a aujourd'hui. Cette découverte seroit bien plus importante pour notre hypothèse, que celle d'un plus grand nombre de racines identiques. A tous égards il seroit à souhaiter que cette belle langue fût généralement plus cultivée. Après le grec il n'y a peut-être pas une langue qui offre un plus grand nombre de poésies[1]. La grande analogie du persan avec l'allemand permet d'espérer que l'étude du premier idiome conduira à des résultats intéressans pour l'histoire ancienne des peuples germaniques ; et si à cette étude on réunissoit encore celle des idiomes slaves, on éclairciroit

[1] La bibliothèque impériale de Paris est riche en manuscrits persans ; elle possède dans la personne de M. *de Chézy* un homme de lettres qui, à une profonde connoissance du persan, joint le goût de la poésie, et sait apprécier les beautés de la poésie persanne et les difficultés qu'offre son étude. (*Note de M. Schlegel.*)

peut-être quelques faits obscurs que les anciens nous rapportent des guerres entre les Perses et les Scythes.

Outre les rapports nombreux qu'offrent les grammaires allemande et persane, il en existe encore plus entre la première et les langues grecque et indienne. En allemand et en indien l's est partout le signe du génitif, l'n celui de l'accusatif. La syllabe *twon* en indien forme les substantifs de qualité, comme *thum* en allemand. Le conjonctif des verbes se forme en partie par un changement de la voyelle, comme dans toutes les langues qui suivent l'ancienne grammaire. Il en est de même de l'imparfait en indien et dans une partie des verbes allemands. En général il règne dans ces deux langues un principe; c'est que la conjugaison se fait moins en ajoutant à la racine des particules ou des mots, qu'en modifiant cette racine même.

Si l'on consulte la grammaire des anciens dialectes germaniques, celle du goth et de l'anglo-saxon pour la branche teutonique, et celle de l'islandois pour la branche scandinave, on y trouvera, comme en grec et en indien, un parfait formé par un augmentatif; un duel; dans les participes et dans la déclinaison, quelques nuances communes qui sont tout-à-fait perdues, ainsi que des flexions qui existent bien encore,

9*

mais qui ont beaucoup perdu de leurs formes
primitives; par exemple, la troisième personne
du singulier et du pluriel des verbes présente
une identité parfaite. En un mot, en examinant
ces anciens monumens, on ne sauroit douter
que la langue germanique n'eût anciennement
une grammaire entièrement semblable à celle du
grec et du latin.

Il reste encore beaucoup plus de traces de
cette ancienne forme grammaticale en allemand,
qu'en anglois, et dans les dialectes scandinaves.
Il est vrai que dans toutes ces langues on voit
dominer le principe de la nouvelle grammaire,
qui consiste à former la conjugaison principalement à l'aide des verbes auxiliaires, et
la déclinaison par le moyen des prépositions;
mais cette anomalie n'a rien qui doive nous
étonner. Nous la remarquons également dans
toutes les langues qui viennent du latin où ce
principe étoit entièrement inconnu; nous la re-
trouvons aussi dans tous les dialectes hindoux
qui se rapprochent du samscrit, comme les
langues dont nous venons de parler se rapprochent
du latin. Il n'est pas nécessaire de recourir à des
causes extérieures pour expliquer ce phénomène
général. La structure artificielle, comme l'é-
toient la déclinaison et la conjugaison des langues
samscrite et latine, s'altère dans un temps de

barbarie; elle est remplacée alors dans la déclinaison par les prépositions, et dans la conjugaison par les verbes auxiliaires. Cette dernière conjugaison est en effet plus simple et plus commode que l'ancienne manière; on peut la regarder comme une espèce d'abréviation de l'autre.

La ressemblance essentielle de la grammaire indienne avec les grammaires grecque et latine, consiste en ce qu'elles expriment tous les rapports et toutes les nuances de la signification principale des noms et des verbes, non en y joignant des particules ou en se servant de verbes auxiliaires, mais par la flexion, c'est-à-dire par une modification de la racine même. Mais cette ressemblance s'étend plus loin encore; on la trouve dans l'identité des syllabes mêmes par lesquelles cette flexion s'opère. Le futur se forme par une *s* comme en grec; *koromi*, je fais, *koroshyami*, je ferai; l'imparfait par l'addition d'une voyelle brève au commencement du mot, et par la terminaison *on; bhovami*, je suis, *abhovon*, j'étois (absolument comme δίδωμι, ἐδίδων). Le genre des adjectifs s'indique de la même manière qu'en latin; leur comparatif comme en grec; la terminaison personnelle du verbe est la même qu'en grec, et le passé formé, comme dans cette langue, par l'augmentatif. Ce temps du verbe se rapporte encore au grec, en ce que sa première personne ne se termine pas en *mi* ou *on*, comme celle des autres temps, ni la troisième en *te* ou *ti*, mais l'une et l'autre par une voyelle; *khokaro*, je fis, et il fit; *vohhuvo*, je fus, et il fut. Une telle analogie dans ce qui tient aux formes essentielles ne paroîtra pas seulement curieuse, mais très-importante à ceux qui se sont occupés de l'étude des langues. La terminaison de la troisième personne de l'impératif est *otu*, au pluriel *ontu*; celle du masculin du premier participe est *on*.

L'infinitif latin en *re* peut paroître une anomalie bien tranchée; il est, en effet, une des particularités caractéristiques du latin, qui s'éloigne par-là des autres langues de même origine. Cependant, comme l'infinitif indien en *tun* a aussi la signification du supin latin, auquel il ressemble par la forme, la différence n'est pas aussi grande qu'elle paroît au premier coup d'œil.

Dans la déclinaison, le cinquième cas en *at* répond à l'ablatif latin en *ate*; le septième cas du pluriel en *eshu, ishu*, etc., au grec εσσι, οισι, etc.; le quatrième et le cinquième cas en *bhyoh*, qui, dans la construction, se change souvent en *bhyos*, précédé d'une voyelle longue, répondent aux datif et ablatif latins en *bus*. Le datif indien du singulier en *ayo*, pourroit être comparé à l'ancien *aï* latin ; la terminaison *au* du duel, à celle du grec en *ω*. La grammaire indienne se rapproche encore de ces langues par quelques ressemblances accidentelles ; par exemple, le nominatif des neutres est le même que l'accusatif ; dans le duel, plusieurs cas, qui diffèrent dans les autres nombres, ont une flexion uniforme.

La différence principale entre la grammaire indienne et celles des langues qui en dérivent, consiste en ce que la première est plus régulière, plus uniforme dans sa formation, et par conséquent à la fois plus simple et plus artificielle que les langues grecque et latine. Ainsi, la grammaire des deux dernières langues ne décline pas à l'aide de particules, mais par la flexion ; mais leur déclinaison n'est pas assez complète pour qu'elle puisse se passer tout-à-fait des prépositions. La déclinaison indienne, au contraire, n'en fait aucun usage ; elle a des cas particuliers pour tous les rapports que le latin exprime en modifiant l'ablatif par les particules *cum, ex, in,* etc.

Si la langue indienne a des verbes irréguliers, ils sont beaucoup moins nombreux qu'en grec et en latin. La conjugaison est, en général, plus régulière ; l'impératif a non seulement une première personne, mais aussi les autres temps qui lui manquent dans ces deux langues. La seconde personne de ce mode n'a pas éprouvé les abréviations qu'elle a subies généralement en persan, et souvent dans les autres langues dérivées. De la racine de chaque verbe on peut former, d'après des règles uniformes, ce que les grammairiens appellent des verbes *fréquentatifs*, *désidératifs*, et *transitifs*[1]. Le nombre des adjectifs dérivés des verbes avec l'infinitif, et qu'on nomme *verbalia*, est très-grand; la plupart des adjectifs indiens sont de cette classe, comme presque tous les noms propres sont des épithètes significatives.

Ce seroit aller trop loin que de dire que le grec et le latin sont, à l'égard de leur grammaire, dans les mêmes rapports qui existent entre le latin et les idiomes modernes qui en sont nés; mais il est incontestable que les grammaires grecque et latine contiennent les élémens du passage aux grammaires modernes, tandis que l'immuable uniformité de l'indien prouve sa haute antiquité. Voici une autre différence. En se permettant quelques étymologies forcées, on peut faire voir que les syllabes qui forment les flexions en grec, ne sont au fond que des particules et verbes auxiliaires qui insensiblement se sont fondus avec les mots; cette possibilité même n'a pas lieu pour l'indien, et on est obligé de

---

[1] Exemple : *Actif*, frapper; *fréquentatif*, frapper souvent; *désidératif*, avoir envie de frapper; *transitif*, faire frapper.

convenir que les flexions tiennent à l'organisation primitive de la langue, et que les changemens qui se font dans la déclinaison et la conjugaison s'opèrent sur les racines mêmes. Quelque artificielle que soit une telle grammaire, l'exemple même de la langue samscrite prouve que rien n'empêche qu'elle ne soit d'une extrême simplicité.

II.

Sur l'accent particulier aux langues du Nord.

Nous croyons qu'il est nécessaire de donner quelque développement à ce que nous avons dit (page 34) précédemment de l'accent propre aux langues germaniques.

Prenons pour exemple un mot qui vienne du latin, tel que celui de *dérivation*. Tout François qui sait sa langue connoît la signification de ce mot, et cependant aucune des syllabes dont il est composé ne dit rien à son imagination. Toutes, au contraire, sont pour lui d'une égale importance; de manière que si de ce mot l'on retranche une seule syllabe, il perd à la fois toute sa signification. Aussi le François prononce ce mot sans aucun accent; il n'appuie pas plus sur une syllabe que sur l'autre; l'une n'est pas plus expressive que l'autre.

Remontons maintenant à l'origine de ce mot. C'est le mot latin *derivatio*, devenu françois en changeant sa terminaison. Il est évident que le mot latin est formé de trois parties dont chacune exprime une idée distincte ou modifie l'idée principale. La racine de ce mot est RIV, syllabe qui veut dire ruisseau; la terminaison ATIO indique qu'il est question d'une action, et la particule DE exprime que l'objet de cette action est un mouvement (de loco); *derivatio* veut dire, en un mot, l'action par laquelle on fait découler un ruisseau particulier d'une source commune.

Nous ne connoissons que foiblement la prononciation latine; nous ignorons si, en prononçant le mot *derivatio*, les Romains, indépendamment de la quantité, appuyoient plus fortement sur une de ses syllabes que sur une autre. Il paroît qu'ils s'arrêtoient sur la syllabe AT, qui est longue; mais ce repos avoit lieu à cause de la quantité, qui n'a absolument rien de commun avec ce que nous avons nommé accent: il nous est permis de croire que ce dernier étoit inconnu aux Romains.

Supposons maintenant que le mot qui nous a servi d'exemple soit germanique, au lieu d'être d'origine latine. Dans ce cas, il auroit deux accens d'inégale force; l'un, pour marquer la syllabe radicale RIV, et l'autre, plus fort, pour indiquer celle qui détermine, non l'action même, mais la nature de cette action (DE); tandis que la syllabe AT, la principale en latin, au moins sous le rapport de la quantité, seroit entierement dénuée d'accent, puisque l'Allemand veut moins exprimer qu'il est, en général, question d'une action, que faire connoître la nature de cette action, d'abord par l'objet sur lequel elle s'exerce, et ensuite principalement par la manière dont elle s'exerce.

Prenons maintenant un second exemple, tiré de la langue allemande même. Le mot de *Meister*, maître, est formé de la racine MEIST (*plurimus*) et de la syllabe dérivative ER : la première a l'accent, la seconde en manque. De là le composé *Hofmeister*, qui, selon les diverses significations du mot HOF, désigne toutes sortes de préposés, ou un gouverneur d'enfans, etc. Dans ce mot, la syllabe HOF, qui détermine quelle espèce de maître on veut indiquer, a le principal accent; et la syllabe radicale MEIST n'a plus que l'accent du second ordre. Du mot *Hofmeister* et de celui de *Haus* (maison), on forme un nouveau composé, *Haushofmeister*, maître d'hôtel, dans lequel l'accent principal ne se trouve plus sur HOF, mais sur HAUS, syllabe qui détermine l'espèce de Hofmeister dont on veut parler; ce n'est plus un fermier, ni un précepteur d'enfans; c'est un intendant de maison dont il est question.

Qu'on nous permette d'alléguer un troisième exemple; il nous paroît nécessaire pour donner de la clarté à une observation qui, à ce que nous croyons, est nouvelle pour la plupart des François.

Du mot allemand *Buch*, livre, on forme divers composés : avec *handeln*, faire le négoce, celui de *Buchhændler*, libraire ; avec *binden*, relier, celui de *Buchbinder*, relieur ; avec *halten*, tenir, celui de *Buchhalter*, teneur de livres, etc. Ne diroit-on pas que, dans ces trois mots, les syllabes *hænd, bind, halt*, qui sont les racines, doivent être regardées comme les plus importantes, et avoir, par conséquent, l'accent principal ? Il n'en est pourtant pas ainsi, d'après le génie de la langue allemande. A la vérité, ces syllabes radicales paroissent à l'Allemand plus essentielles que la troisième syllabe de ces mots, la terminaison *er*, qui indique simplement qu'il est question d'un individu mâle agissant ; mais, dès que ces syllabes radicales sont mises en balance avec la syllabe *buch*, elles perdent toute leur importance. En effet, on ne veut pas seulement dire qu'il est question d'un homme qui fait le commerce, d'un individu qui *lie* un objet, d'un autre qui *tient* quelque chose ; ce sont des livres que vend l'un, que relie l'autre, et que *tient* le troisième : et c'est par ce motif que l'accent principal est donné à la syllabe *buch*.

Cependant cette règle n'est pas invariable. Le libraire voudra, dans certains momens, faire entendre qu'il *vend* bien des livres, mais qu'il n'en *relie* pas ; le relieur voudra exprimer qu'il n'en vend pas, et le teneur de livres voudra dire qu'il n'en vend ni n'en relie ; dans ce cas, l'objet sur

lequel chacun d'eux exerce son industrie,
cesse, à ses yeux, d'emporter l'idée dominante;
le genre de son action (vendre, relier, tenir)
devient plus essentiel : dès-lors l'accent principal sera transporté de la syllabe BUCH à la
syllabe radicale HAND, BIND, HALT; et, en prononçant le mot d'après cette disposition, l'intention de celui qui aura parlé sera clairement
exprimée.

Au reste, l'accent est tellement inhérent à la
nature des mots allemands, que son absence dans
les mots empruntés des langues étrangères produit un phénomène remarquable. La nécessité de
placer cet accent d'une part, et l'impossibilité de
l'attribuer à l'une des syllabes de ces mots plutôt
qu'à l'autre, sont cause qu'en les prononçant,
l'Allemand, qui n'a pu placer son accent sur
aucune syllabe, parce qu'aucune ne disoit rien
à son imagination, le réserve pour la dernière de
toutes, qui, dans ces mots, est fortement accen-
tuée, quoique dans les mots d'origine allemande
l'accent ne soit jamais placé sur la finale des
mots. Ainsi *comœdie*, *monarchie*, *condition*,
attribut, *majorat*, etc., ont l'accent sur la syllabe finale.

Nous observons encore que cette propriété des
langues germaniques de peser l'importance des
syllabes, est cause que les Allemands, en parlant

françois, *ont tant d'accent;* qu'ils appuient sur une syllabe qui, d'après certaines analogies, souvent obscures, leur paroît la plus importante, et qu'ils ont de la peine à croire que toutes les syllabes d'un mot peuvent être également essentielles.

APPENDICE II. 145
françois, *ont tant d'accent;* qu'ils appuient sur

III.

*Des révolutions qu'a éprouvées dans ses signi-
fications le mot de Saxe.*

Il n'existe peut-être dans l'histoire aucun mot
qui ait si souvent changé de signification, que
le mot de *Saxe*. Voici les époques de ces révolutions.

1.º Tacite ne connoit pas les Saxons. Claude
Ptolémée, qui vivoit vers l'an 160 de J.-C,
est le premier écrivain qui en fasse mention. Les
Saxons étoient alors un petit peuple peu connu,
qui habitoit dans la Chersonnèse cimbrique,
au nord de l'Elbe, et dans le Holstein d'aujour-
d'hui. Tel est le berceau des Saxons. Dans les
deuxième et troisième siècles, ils s'étendirent vers
l'ouest et se confédérèrent avec quelques autres
tribus qui, jusque-là, avoient fait partie de la
confédération des Francs. Leur principale occu-
pation étoit la piraterie. Ils poussoient leurs
excursions maritimes jusqu'aux côtes des Gaules.
Vers la fin du troisième siècle, leur confédération avoit pris un accroissement si considérable
qu'ils formoient un des trois peuples dominans
en Germanie à cette époque ; les Francs et
les Allemands étoient les deux autres.

Au cinquième siècle, lorsque les Francs, qui demeuroient entre le Rhin et le Weser, se furent répandus dans la Belgique et y eurent fondé de nouveaux états, les Saxons occupèrent l'ancien pays des Francs (la France, comme l'appelle la table de Peutinger), et s'étendirent jusqu'aux bords du Rhin. Ils étoient divisés en trois tribus : les Westphaliens, entre le Rhin et le Weser ; les Angrivariens sur le Weser, et les Ostphaliens, entre ces derniers et l'Elbe supérieur. Ces Saxons, réunis aux Angles ou Anglois, qui faisoient partie de leur confédération, allèrent fonder l'heptarchie en Angleterre, où leur nom subsiste encore dans celui des provinces d'Essex, Sussex, Middlesex. C'est le même peuple belliqueux que Charlemagne ne soumit qu'après une guerre de trente ans. Le pays qu'il habitoit fait aujourd'hui partie de l'Empire françois et du duché de Berg : la Saxe d'aujourd'hui étoit alors occupée par les Sorabes, peuple slave.

2.º Dans le moyen âge, nous trouvons un duché de Saxe qu'on appelle *l'ancien duché de Saxe*. Henri-le-Superbe, de la maison des Guelfes, qui, indépendamment de ce duché, possédoit encore le duché de Bavière, et des domaines allodiaux très-considérables dans le nord de l'Allemagne, étoit l'un des princes les plus puissans de l'Europe. Ses états s'étendoient depuis le Rhin jusqu'à l'Oder, et comprenoient la moitié de l'Allemagne : son fils, Henri-le-Lion, fut dépouillé, en 1180, des deux duchés de Bavière et de Saxe ; il ne put conserver à sa maison que ce qui, par la suite, reçut le nom d'électorat de Hannovre et de duché de Brunsvic : l'ancien duché de Saxe fut démembré.

5.º Lorsqu'en 1180, l'empereur Frédéric I mit Henri-le-Lion au ban de l'Empire, il conféra le duché de Saxe à la maison Ascanienne ; mais malgré leurs désastres, les Guelfes furent assez puissans pour se maintenir dans une partie de leurs possessions ; et des princes voisins profitèrent des circonstances pour s'emparer de quelque dépouille de l'ancien duché de Saxe. En un mot, tout ce que le nouveau duc de Saxe put s'approprier se réduisit à la ville et au district de Wittemberg, à la principauté d'Anhalt et au pays de Lauenbourg, sur l'Elbe inférieur. Voilà ce qui forma le *nouveau duché de Saxe*, et le nom de Saxe fut transporté pour la seconde fois à un autre pays. La nouvelle maison des ducs de Saxe se divisa en trois branches, dites de Saxe, d'Anhalt et de Lauenbourg. L'aînée de ces trois branches possédoit le duché de Saxe, proprement dit, avec le titre de duc de Saxe, qu'elle attacha à la ville de

Wittemberg, avec un district de soixante-dix milles carrés.

4.º Cette branche des ducs de Saxe s'éteignit en 1420; le duché de Saxe qui, dans l'intervalle, avoit reçu le titre d'électorat sans gagner en étendue, fut conféré, par l'empereur, au margrave de Misnie, qui possédoit les villes de Leipsic, Meissen, Dresde, la Thuringe, etc. Voilà le duché de Saxe devenu de nouveau un état considérable. Cette maison de Saxe ou de Misnie se divisa en plusieurs branches; le chef de l'une ceint aujourd'hui la couronne royale; les chefs des autres branches portent le titre de ducs de Saxe. Ainsi, dans ce quatrième sens, on appelle *Saxe*, ou *royaume et duchés de Saxe*, tous les pays que la maison de ce nom, indépendamment de la Lusace, possède en Allemagne, tels que Wittemberg et son territoire, le margraviat de Misnie, le landgraviat de Thuringe, etc.

5.º Dans un sens un peu plus étendu, on appelle *Saxe*, ou *pays de Saxe*, non seulement le royaume et les duchés de Saxe, mais aussi tous les pays qui y sont enclavés, telles que les possessions des maisons de Schwarzbourg, Schœnbourg, Reuss, la ville d'Erfurt, etc.

6.º Nous avons vu plus haut que la maison Ascanienne avoit formé une branche qui possédoit le pays de Lauenbourg. Cette branche prétendoit succéder à son aînée dans le duché de Saxe ; ne pouvant faire reconnoître ses droits, elle attacha au moins le nom de duché de Saxe au pays de Lauenbourg, qui le conserva bien après l'extinction de cette maison, et même jusqu'à nos jours.

7.º Vers la fin du quinzième siècle, lorsque l'Allemagne fut, sous le rapport de la haute police, divisée en cercles, on en forma deux sous le nom de Saxe. Le cercle de la *Haute-Saxe* comprenoit non seulement le pays de Saxe, dans le sens étendu que nous lui avons donné au paragraphe 5.º, mais encore la principauté d'Anhalt, le Brandebourg, la Poméranie, etc. Le cercle de la *Basse-Saxe* fut formé des états de la maison de Brunsvic, de l'archevêché de Magdebourg, des duchés de Mecklenbourg et de Holstein, des principautés de Halberstadt, Hildesheim, Lubeck ; des villes de Hambourg, Brême et Lubeck, etc. Voilà donc le mot de *Saxe* pris encore dans deux significations nouvelles.

Il suit de cet aperçu que la dénomination de Saxe est donnée aujourd'hui à divers pays, mais non à l'ancienne et véritable Saxe, ou au pays occupé par les descendans des anciens Saxons, et gouverné actuellement par l'empereur des François.

IV.

Observations sur l'origine de la langue françoise, tirées de la Dissertation de M. J. R. G. Beck, *intitulée :* Quæstionum de originibus linguæ franco-gallicæ specimen. Lipsiæ, 1810, in-8°. (*Voyez* ci-dessus, p. 62.)

I.

Il existe en françois un grand nombre de mots qui ont deux significations tout-à-fait différentes ; cela vient de ce qu'ils sont pris de racines étrangères qui diffèrent essentiellement entre elles pour la signification. Tels sont les mots suivans :

L'AIR, du latin *aer*, ou du grec ἀήρ ; l'AIR, manière, d'une racine commune avec l'allemand *art*, le latin *ars*, et le grec ἀρετή.

APPROCHER, de *prope* ; REPROCHER, de *probrum*.

Le CHARME, produit par l'art magique, de *carmen* ; le CHARME, arbre, de *carpinus*.

LE COUSIN, insecte, de *culex* ; le COUSIN, parent, de *consobrinus*.

DÉFIER, verbe actif, de *diffidare*, de la basse latinité ; se FIER, se DÉFIER, de *fides*, *diffidere*.

HALER, du soleil, du grec ἥλιος, qui, en dialecte dorien, est ἅλιος ; HALER, tirer, de ἕλκειν.

LOUER, donner à louage, de *locare* ; LOUER, faire l'éloge, de *laudo*.

Le MARC, poids, de l'allemand *mark* ; le MARC, résidu, analogue avec *amurca*.

Le MOULE, de *modulus*; la MOULE, du latin *mullus*, ou de l'allemand *muschel*.

La POLITIQUE, de πόλις; la POLITESSE, de *polio*.

La QUILLE, conus, de l'allemand *kegel*; la QUILLE du vaisseau, de *kiel*.

La RAME du nautier, de *remus*; la RAME, certaine quantité de papier, de l'allemand *riem*, courroie, parce qu'on l'attachoit avec une courroie.

La SOIE, produit du vers à soie, de *sericum*; la SOIE du cochon, de *seta*.

SCELLER, de *sigillare*; SELLER, de *sella*.

Le SON, partie grossière du blé, de *summus*; le SON, bruit, de *sonus*.

La TOUR, de *turris*; le TOUR, de *tornus*.

VOLER, par le moyen d'ailes, de *volo*; VOLER, dérober, de *vola*, creux de la main.

2.

Il existe, au contraire, d'autres mots qui paroissent tout-à-fait différens, et qui cependant dérivent d'une même source. Tels sont :

ACHETER et ACCEPTER, de *acceptare*.
CHAUME et CHALUMEAU, de *calamus*.
DIVIN et DEVIN, de *divinus*.
LIER et LIGUER, de *ligo*.
MODULE et MOULE, de *modulus*.
MOYEN et MOYEU, de *medius*.
POSER et PONDRE, de *pono*.
SÉCURITÉ et SURETÉ, de *securus*.
SÉPARER et SEVRER, de *separo*.

Traire et tirer, de *traho*.
Venger et revancher, de *vindico*.
Vitre et verre, de *vitrum*.

3.

Souvent, en empruntant des mots à la langue latine, les François ont négligé les mots simples, pour n'adopter que les composés; tels sont les mots *rogo*, *fero*, *duco*, *sisto*, *spiro*, *struo*, *capio*, *oro*, *equito*, *fendo*, *scando*, *voco*, *clamo*, *splendeo*, *spondeo*, *peto*, *sumo*, *nuntio*, *salvo*, *moror*; et plusieurs adjectifs dont les François, malgré leur pauvreté en adjectifs, n'ont conservé que le négatif, tels que *placabilis*, *execrabilis*, *vincibilis*. Il paroît que ces mots simples ne se trouvent pas dans la langue françoise, parce que les composés y ont passé dans un temps où, parmi les Romains même, au moins dans les auteurs de la basse latinité, les composés avoient pris la place des simples. D'autres fois ceux-ci n'ont pas été reçus, parce que la langue françoise contenoit déjà des mots qui exprimoient la même signification.

4.

Quelquefois, mais très-rarement, les François ont adopté les mots simples, et négligé les composés. Tels sont les suivans : *léser*, *orner*, *naître*, *tempérer*, *languir*.

5.

Souvent les François ont tronqué les mots latins primitifs, au point qu'on a de la peine à les reconnoître, tandis qu'ils ont conservé les composés et dérivés avec très-peu de changemens. Cette différence provient peut-être de ce que les mots primitifs ont été adoptés d'abord par des gens du peuple, et les dérivés par des personnes instruites. Les exemples suivans éclairciront cette observation.

Primitifs.	*Dérivés ou composés.*
cheoir,	cas, cadence, occasion, accident, coïncider, incident.
boire,	imbiber.
louer (locare),	loger, colloquer, disloquer.
clorre,	exclure, conclure, perclus.
cuire,	coction, précoce.
lier,	obliger.
lire,	négliger, colliger.
dédier,	abdiquer, indiquer.
glaive,	gladiateur.
venger,	revendiquer.

6.

La langue françoise renferme des mots qui ont manifestement une origine grecque ou latine, mais une signification tout-à-fait différente de celle de leurs racines dans ces deux langues. En voici quelques exemples :

Partir, de partio, ou partior, *partager*.
Ouvrir, de operio, *couvrir*.
Jument, de jumentum, *bête de somme*.
Curer, de curo, *soigner* ou *guérir*.
Parer, de paro, *préparer*.

7.

Exemples de mots françois qui, probablement, viennent du grec.

Acolythe, d'ἀκόλουθος, suivant.

Alambic, de l'article arabe *al*, et d'ἄμβιξ, vase.

Ardillon, d'ἀρδις, pointe.

Balaustre, de βαλαύστιον, fleur du grenadier sauvage.

Boule, de βῶλος, masse, bloc.

Bouteille, de βῦτις, espèce de vase.

Brasser, de βράζω, bouillir.

Brouter, de βρύττω, manger.

Câble, de κάμιλος.

Caler, terme de marine, de χαλάω, descendre, baisser, lâcher.

Canapé, de κωνωπεῖον, voile ou tenture pour se garantir des mouches.

Dragées, de τράγημα, dessert.

Éclat, fragment, de κλάω, ἐκκλάω, briser; lueur, de αὐγή, splendeur.

Escarre, d'ἐσχάρα, qui signifie la même chose.

Frimat et *frisson*, de φρίσσω, frémir.

Fringant, de σφριγάω, être plein de santé, sautiller.

Gaule et *houlette*, de καῦλος, tige.

Germandrée, de χαμαίδρυς, qui signifie probablement la même plante.

Greffe, de γράφω, écrire.

Halbran, de ἅλς, mer, et βρένθος, espèce de canard.

Harceler, d'ἑρεσχελέω.

Lapper, de λάπτω.

Lécher, de λείχω.

Mâcher, de μασσάω.

Maillot, de μάλλος, tresse de laine.

Marmite, de μαρμαίρω, briller.

Migraine, de ἡμικρανία.

Môle, de μῶλος.

Moustache, de μύσταξ.

Le Page, de παῖς, jeune domestique.

Paillard, de πάλλαξ, jeune homme.

Paragon, de παρά et ἀγών, ce qui est au-delà du combat.

Pantoufle, de πᾶς, παντός, tout, et φελλός, écorce d'arbre.

Parvis, de παράδεισος, qui, chez les écrivains ecclésiastiques, a la même signification.

Prôner, de προνοέω, examiner attentivement.

Prône, de πρόνοια.

Rapière, de ῥαπίς, verge.

Remorquer, de ῥυμουλκέω.

Renfler, de ῥίς, nez, et *flare*.

Sobriquet, de ὑβριστικόν.

Tan, de τανύω, tendre.

Tapinois, de ταπεινός, rampant.

Tombe, de τύμβος.

8.

Exemples de mots pris de l'allemand.

Mots françois.	*Mots allemands.*
Alène,	ahle.
Aleu,	lot, loos.
Auberge,	herberge.
Berger,	berg.
Bigot,	by Gott (juron).
Bissac,	beysack.
Bivouac,	beywache.
Blason,	blasen.
Bluter,	beuteln.
Bonde,	spund.
Bouquin,	buch.
Bourg,	burg.
Brandon,	brand.
Brèche,	} brechen.
Briser,	
Brosse,	borste.
Bru,	braut.
Brun,	braun.
Billet,	bill (anglo-saxon).
Cagot,	ja Gott !
Caveçon,	kappzaum.
Choisir,	kiesen.
Cingler,	segeln.
Cloche,	glocke.
Craquer,	krachen.
Dague,	degen.
Danse,	tanz.

Mots françois.	Mots allemands.
Dérober,	rauben.
Digue,	deich.
Douve,	daube.
Drôle,	drollicht.
Écharpe,	schærpe.
Échope,	schoppen.
Écluse,	schleuse.
Éperon,	sporn.
Épervier,	sperber.
Escadre,	geschwader.
Espiégle,	eulenspiegel.
Étonner,	staunen.
Étuve,	stube.
Falaise,	fels.
Flacon,	flasche.
Friche,	frisch.
Gâcher,	waschen.
Gagner,	gewinnen.
Galerie,	wallen.
Garder,	warten.
Garnir,	wahren.
Gazon,	wasen.
Gerbe,	garbe.
Gorge,	gurgel.
Graver,	graben.
Guérir,	wehren.
Guet,	wache.
Guise,	weise.
Haire,	haar.
Harnois,	harnisch.
Heaulme,	helm.

Mots françois.	*Mots allemands.*
Hérault,	herold.
Honnir,	hohn.
Jardin,	garten.
Laisser,	lassen.
Landes,	land.
Maint,	manch.
Mannequin,	mænnchen.
Marc,	mark.
Maréchal,	marschalk.
Marsouin,	meerschwein.
Marte,	marder.
Mât,	mast.
Mésange,	meisse.
Mine,	mine.
Pièce,	feizen.
Pisser,	pissen.
Quille,	{ kiel. { kegel.
Râfler,	raffen.
Rame (de papier),	riem.
Râper,	raspeln.
Rat,	ratte.
Renard,	reinhard.
Riche,	reich.
Rosse,	ross.
Sabre,	sæbel.
Sénéchal,	schalk (valet), et le latin se- nex.
Seuil,	schwelle.
Soldat,	sold.
Sonde,	sund.

Mots françois.	*Mots allemands.*
Targe,	tartsche.
Tasque,	tasche.
Tourbe,	torf.
Tonneau,	tonne.
Tâter,	tasten.
Trousse,	tross.
Vague,	woge.
Valise,	felleisen.
Vassal,	gesell.
Voguer,	wogen.

9.

En empruntant les mots des langues grecque, latine et allemande, les François leur ont fait subir divers changemens qui quelquefois les rendent presque méconnoissables. Tantôt ils ont ajouté une lettre, tantôt ils l'ont élidée, tantôt ils l'ont transposée ; enfin, ils ont fait subir aux mots divers changemens. Nous allons en donner quelques exemples.

Lettres ajoutées.

Mots françois.	*Mots grecs, latins ou allemands.*
Adragant,	tragacantha.
Alumelle,	lumella.
Brouette,	rota.
Bruire,	rugire.

Mots françois,	*Mots grecs, latins ou allemands.*
Humble,	humilis.
Nombre,	numerus.
Gendre,	gener.
Tendre,	tener.
Pondre,	ponere.
Droit,	rectus.
École,	schola.
Estoc,	stock.
Espérer,	sperare.
Grenouille,	ranuncula.
Haut,	altus.
Huit,	octo.
Huile,	oleum.
Miel,	mel.
Fiel,	fel.
Nièce (niepce),	neptis.
Bien,	bene.
Lierre,	hedera?
Lendemain,	inde mane.
Ramper,	repere.
Nombril,	umbilicus.
Rendre,	reddere.
Lanterne,	laterna.
Branche,	brachium.
Galoper,	καλπάζω.
Casque,	cassis.
Maquignon,	mango.
Fronde,	funda.
Perdrix,	perdix.
Trésor,	thesaurus.
Tante,	amita.

Mots françois.	*Mots grecs, latins ou allemands.*
Farras,	farrago.
Tarir,	arere.

Lettres élidées.

Cuire,	coquere.
Faire,	facere.
Taire,	tacere.
Nuire,	nocere.
Conduire,	conducere.
Prier,	precari.
Coing,	cydonium malum.
Fier,	fidere.
Louer,	laudare.
Fouir,	fodere.
Queue,	cauda.
Ermite,	eremita.
Quitte,	quietus.
Blâmer (blasmer),	blasphémer.
Fuir,	fugere.
Faine,	faginus.
Lier,	ligare.
Orpiment,	auri pigmentum.
Frire,	frigere.
Sciatique,	morbus ischiatus.
Cheville,	Clavicula.
Écouter (escouter),	auscultare.
Couteau,	cultellus.
Espiègle,	eulenspiegel.
Moutare,	mostura.
Peser,	pensare.

Mots françois.   *Mots grecs , latins ou allemands.*
  Pris,   prehensus.
  Mesure,   mensura.
  Mois,   mensis.
  Ame,   anima.
  Tisane,   ptisana.
  Acheter,   acceptare.
  Seine,   sequana.
  Sale,   squalidus.
  Dos,   dorsum.
  Pâmer (pasmer),   spasmus.
  Couture,   consutura.
  Frère,   frater.
  Père,   pater.
  Mère,   mater.
  Pierre,   petra.
  Sot,   stultus.
  Marier,   maritare.
  Velin,   vitulinus.
  Besace,   betzelsack.
  Bouleau,   betula.
  Paon,   pavo.

Lettres transposées.

  Cruche,   urceus.
  Tremper,   temperare.
  Troubler,   turbulare.

Lettres changées.

  Bêler,   balare.
  Amer,   amarus.

Mots françois.	*Mots grecs, latins ou allemands.*
Enter,	indere.
Tripot,	tripudium.
Glaive,	gladius.
Paradis,	paradisus.
Rame,	remus.
Ramper,	repere.
Rade,	rhede.
Dague,	degen.
Lapin,	lepus.
Pied,	pes.
Ricochet,	recussus.
Ivre,	ebrius.
Siége,	sedes.
Lit,	lectus.
Loi,	lex.
Roi,	rex.
Droit,	rectus.
Croire,	credere.
Toile,	tela.
Bouleau,	betula.
Feu (mort),	felix.
Vieux,	vetus.
Habler,	fabulari.
Hors,	foris.
Hêtre,	fagastrum.
Verve,	fervor.
Valise,	felleisen.
Parchemin,	pergamena.
Chamois,	gemse.
Peindre,	pingere.

Mots françois.	*Mots grecs, latins ou allemands.*
Plaindre,	plangere.
Restreindre,	restringere.
Pays,	pagus.
Haye,	haag.
Fraise,	fragum.

———

V.

Sur la langue turque [1].

La langue turque est une branche de la langue tatare. Elle fut très-pauvre dans son origine, comme le sont toutes les langues des peuples nomades, qui ont des besoins bornés et ne cultivent pas les sciences; mais lorsque les Turcs eurent embrassé l'Islamisme et fait des conquêtes sur les Persans et les Arabes, ils s'enrichirent non seulement des dépouilles de ces deux nations, mais ils s'approprièrent encore successivement leurs trésors littéraires, et se formèrent une langue aussi riche en expressions qu'aucune autre langue connue. Cette nouvelle langue, qu'il faut distinguer de l'ancien turc abandonné au commun de la nation, est très-harmonieuse et consacrée à l'usage de la cour, et de tous ceux qui ont reçu une éducation soignée.

[1] Cette note intéressante m'a été fournie par M. *Kieffer*, ancien secrétaire-interprète à la légation françoise à Constantinople, et aujourd'hui professeur de langue turque au collége de France. Ce littérateur, aussi modeste que savant, est auteur d'un dictionnaire turc-françois, extrait de celui de *Meninski*, mais renfermant un grand nombre de mots et d'explications qui manquent dans celui-ci. Ce dictionnaire n'a pas encore été imprimé.

Les grands, les employés, les juges et les savans
s'attachent, dans leurs compositions, à donner
constamment la préférence aux mots arabes et
persans; ils y insèrent des passages arabes tirés
du Coran et d'autres ouvrages, ou des vers
persans. Ils poussent cette recherche à un tel
point qu'à peine la huitième partie d'un ouvrage
consiste en mots pris dans leur idiome, ainsi
qu'on pourra le voir par l'exemple ci-joint, ou les
mots arabes et persans ont été indiqués par les
caractères italiques. C'est une lettre écrite par le
grand-visir au gouverneur de Séyde, et conçue
dans le style ordinaire de la chancellerie ottomane. Elle est traduite littéralement, afin de faire
mieux connoître tout l'esprit de la langue.

« Mon *illustre, fortuné Collégue*, Pacha *d'une*
« *dignité éminente*, après *avoir offert*, avec *beau-*
« *coup d'honneurs et de considération*, à la
« *personne magnifique* de Votre *Excellence, les*
« *perles des vœux purs* et *augmentant l'amitié,*
« *et la quintessence des salutations nombreuses*
« et *marquant l'attachement*, il est *annoncé ami-*
« *calement* à votre *esprit lucide* et aussi *lumineux*
« *que le soleil*, que l'Ambassadeur de France
« qui *réside présentement* à la *Porte de félicité,*
« ayant *demandé* et *réclamé la protection* et
« *l'assistance* en faveur du Consul et *des né-*
« *gocians* françois qui *demeurent* à Séyde,

« *capitale* de votre *Gouvernement*: la présente
« *lettre amicale* a été *écrite* et *envoyée* à Votre
« *Excellence*, dans l'espoir qu'elle aura *le plus*
« *grand soin* que le Consul et *les négocians de*
« *ladite nation* soient *protégés* et *assistés* dans
« toutes *les circonstances*, *conformément* aux
« *articles des capitulations impériales*, et qu'ils
« ne soient *inquiétés* ni *molestés* par qui que
« ce soit, *en contravention* aux *articles du traité*. »

On voit, dans cet exemple, plusieurs mots
qui ne sont imprimés en caractère italique qu'en
partie; c'est parce que les Turcs se sont ap-
propriés ces mots, en y ajoutant des formes
turques.

Les Turcs ayant adopté les caractères de
l'alphabet arabe, partagent, avec les Arabes, les
Persans, les Syriens, les Hébreux et autres nations,
l'inconvénient de n'écrire ordinairement que les
consonnes, et de supprimer les voyelles; ou,
lorsqu'ils veulent figurer celles-ci, de placer les
signes convenus pour les représenter, au-dessus
ou au-dessous des consonnes. Il arrive de cette
suppression des voyelles, qu'on ne sait lire avec
exactitude que les mots qu'on a déjà entendu
prononcer, et que les noms propres surtout
sont prononcés de plusieurs manières. Les Turcs
ont ajouté à l'alphabet arabe une *n* nasale qui leur
est propre, et emploient en outre quelques

consonnes de l'alphabet persan qui ne se trouvent pas dans celui des Arabes ; de sorte qu'ils ont en tout trente-trois consonnes à leur disposition, sans parler des trois figures qui représentent les voyelles. Les Turcs écrivent, comme les Arabes, de droite à gauche, et commencent leurs livres là où finissent les nôtres. Ils ont plusieurs sortes d'écritures, telles que le *neskhi*, le *divani*, le *sulus*, le *kirma* ou *rika*, le *siakat*, le *talik*, etc.

Le *neskhi* est l'écriture ordinaire qu'on emploie pour tous les ouvrages en prose, et pour les affaires et la correspondance des particuliers ; le *divani* sert pour les actes expédiés par la chancellerie impériale ; tels que firmans, barats, lettres officielles, etc. ; l'élégance de cette écriture consiste en ce qu'on l'écrive en montant, surtout vers la fin des lignes. Le *sulus*, dont les caractères sont trois fois plus grands que ceux du neskhi, est employé pour les titres des livres, inscriptions, épitaphes, etc. ; le *kirma*, ou *rika*, est pour les requêtes, les mémoires, les placets, etc. ; le *siakat* est réservé au département des finances ; le *talik* est le caractère le plus usuel des Persans. Les Turcs le consacrent spécialement à la poésie.

Il est étonnant que les Turcs, qui étudient les langues arabe et persanne, d'après les règles les plus exactes de la grammaire de ces deux langues, n'aient pas une seule grammaire écrite de leur propre langue, et qu'ils n'apprennent celle-ci que par l'usage. Cela laisse beaucoup de vague dans l'orthographe, et bien des mots turcs sont écrits de trois ou quatre manières différentes : malgré cet inconvénient, la grammaire turque est très-simple et régulière; l'on n'y trouve que peu d'exceptions aux règles générales. Cette grammaire n'a ni genre ni article; elle a une seule déclinaison, deux nombres et cinq cas, le génitif, datif, accusatif, ablatif et commoratif. Ce dernier est employé pour marquer l'absence du mouvement. Les cas sont formés par certaines syllabes ajoutées aux mots qu'on veut décliner.

On forme le pluriel en ajoutant au nominatif singulier la terminaison *lar* ou *ler;* les cas du pluriel ont les mêmes syllabes finales que ceux du singulier. Les adjectifs, toujours placés devant les substantifs, sont invariables : ainsi de *guzel*, beau, et de *ev*, maison, on dira à l'ablatif pluriel *guzel evlerden*, des belles maisons. Le comparatif est formé en ajoutant au positif la syllabe *req* ou *rak*, ou en plaçant la particule *dakha* ou *dakhi*, encore; cependant, lorsque le comparatif se trouve en régime, on préfère de le former en laissant l'adjectif au positif, et en mettant à l'ablatif le mot avec lequel on compare. Ex. : plus haut que cet arbre, *bou aghadjdan yuqseq.*

Les Turcs n'ont pas de forme particulière pour le superlatif ; ils l'expriment en ajoutant au positif un *i*, et en mettant au génitif pluriel le mot avec lequel on compare. Ex. : le plus haut des arbres, *aghadjların yuqsequi.* Quelquefois le superlatif est formé en plaçant certaines particules devant les adjectifs, comme *peq*, *ghayet*, fort, extrêmement.

On forme les pronoms possessifs en plaçant certaines lettres à la fin des substantifs. Ex. : le livre, *quitâb* ; mon livre, *quitâbum* ; mes livres, *quitâblarum* ; votre livre, *quitâbumuz* ; nos livres, *quitâblarumuz.* Souvent on place, devant le nom muni de son pronom possessif, encore le pronom personnel de la même personne au génitif. Ex. : ton livre, *quitâbun* ou *senun quitâbun*, de toi ton livre.

Le verbe turc est très-riche en temps, modes, participes et gérondifs. Tous les verbes turcs se terminent à l'infinitif en *meq* ou *mak* ; et, en retranchant cette syllabe, on a la racine du verbe.

Les Turcs n'ont qu'un verbe auxiliaire, c'est celui d'*olmak*, être, qui se conjugue d'une manière irrégulière, surtout au présent de l'indicatif. Je suis, *im* ; tu es, *syn* ; il est, *dur* ; nous sommes, *iz* ; vous êtes, *synyz* ou *syz* ; ils sont, *durler*. Par les autres temps, on voit qu'il entre deux racines dans la conjugaison de ce verbe ; car il y a des temps qui sont dérivés de la racine *i* de l'infinitif *imeq*, qui n'est plus usité ; et d'autres viennent de la racine *ol* de l'infinitif *olmak*.

Les Turcs n'ont qu'une conjugaison ; car les deux terminaisons de l'infinitif *meq* ou *mak* sont au fond la même, et n'influent point sur la formation des temps et des modes.

Le verbe turc a l'indicatif, l'impératif, l'optatif, le conjonctif, l'infinitif, des participes et des gérondifs. Il a un grand nombre de temps : deux présens ; le présent déterminé qui exprime l'action du moment présent. Ex. : j'écris dans ce moment, *yazayurum* ; et le présent indéterminé. P. ex. : il écrit vite, *tez yazar*.

Des deux présens sont dérivés les deux imparfaits.

Les parfaits définis et indéfinis, le plusque-parfait, deux futurs et deux conditionnels.

Tous les temps sont formés des participes du verbe avec le verbe auxiliaire : ainsi, au présent, on dit : je suis aimant ; au passé : je suis ayant aimé ; au futur : je suis qui aimera.

L'optatif, qui est employé pour exprimer les vœux et les ordres, a la lettre caractéristique *h*, qu'on prononce *a* ou *e*, et qu'on place après la racine du verbe. Il est assez remarquable que le Gouvernement, qui passe parmi nous pour l'un des plus despotiques, emploie pour ses ordres le mode qui est également employé pour les vœux.

Le conjonctif a la lettre caractéristique *s*, qu'on prononce *sa* ou *sé*, et qu'on place après la racine du verbe. Les temps de ce mode sont souvent précédés de la conjonction *eguer*, si.

L'infinitif a trois formes, dont deux peuvent être déclinées et recevoir à la fin les mêmes syllabes qu'on ajoute aux noms pour exprimer les pronoms possessifs. La troisième forme répétée marque la même action répétée plusieurs fois. Par exemple : *okouya okouya*, en lisant beaucoup, ou à force de lire.

Les participes sont en grand nombre : il y en a plusieurs pour le temps présent, d'autres pour le passé, et encore d'autres pour le futur. Parmi ceux du temps passé, il y a celui qui se termine en *douk* ou *duq*, dont les Turcs font un usage très-fréquent, en lui donnant les terminaisons qu'on emploie pour exprimer les pronoms possessifs, en le déclinant comme un nom, et en lui donnant des postpositions.

On forme le verbe passif en ajoutant à la racine de l'actif la lettre *l* qu'on prononce *il* ou *ul*. Ex. : aimer, *sevmeq* ; être aimé, *sevilmeq* ; battre, *vourmak* ; être battu, *vourulmak*. Mais les verbes dont le radical se termine par une voyelle, ou par la lettre *l*, forment le passif en ajoutant à la racine de l'actif la lettre *n*.

Le verbe négatif est formé par une *m* qu'on ajoute à la racine de l'affirmatif, et qu'on prononce *ma* ou *mé*. Ex. : rire, *gulmeq*; ne pas rire, *gulmémeq*; regarder, *bakmak*; ne pas regarder, *bakmamak*.

Du verbe négatif on forme un nouveau verbe qui marque la négation de pouvoir faire, en intercalant entre la racine du verbe et l'*m* de la négation une *h* muette, qu'on prononce *à* ou *é*. Ex. : il n'a pas pu rire, *gulémédi*; il n'a pas pu être regardé, *bakilamadi*.

Du verbe actif on forme le verbe transitif, en ajoutant, après la racine du verbe, la syllabe *dur*. Ex. : faire regarder, *bakdurmak*; et les mots francois, il a fait qu'il n'a pu regarder, se rendent par le seul mot turc *bakduramadi*. Il y a néanmoins des verbes qui prennent à cette forme, au lieu de la syllabe *dur*, seulement un *t* ou une *r*.

Du verbe actif on forme le verbe réfléchi, en ajoutant à la racine la lettre *n* qu'on prononce *in* ou *un*. Ex. : s'aimer soi-même, *sevinmeq*.

On forme le verbe réciproque en ajoutant à la racine de l'indicatif la syllabe *ich* ou *uch*. Ex. : se regarder réciproquement, *bakichmak*.

Des noms on forme des verbes en ajoutant les

syllabes *la* ou *lan*, *lé* ou *lén*. Ex. : de or, *altoun*, on forme dorer, *altounlamak*.

Les Turcs forment aussi beaucoup de verbes, en prenant un nom arabe ou persan, et en y ajoutant comme verbe auxiliaire *itmeq*, faire, ou *olmak*, être. Ex. : *iqrâm*, honneur ; *iqrâm itmeq*, honorer, rendre des honneurs. *Vasil*, arrivant ; *vasil olmak*, être arrivant, arriver.

Lorsque les Turcs veulent exprimer une personne qui s'occupe ordinairement de telle chose, ou qui exerce tel métier, ils ajoutent au mot de la chose la terminaison *dji* ou *tchi*. Ex. : *tchoka*, drap ; *tchokadji*, fabricant de drap ; *kapou*, porte ; *kapoudji*, portier ; *yol*, chemin ; *yoldji*, voyageur.

Des noms personnels on forme des noms abstraits, en donnant aux premiers la terminaison *liq* ou *lik*. Ex. : *dost*, ami ; *dostlik*, amitié ; *duchmen*, ennemi ; *duckmenliq*, inimitié.

Pour former d'un nom substantif un adjectif qui exprime le possesseur de la chose marquée par le nom substantif, les Turcs ajoutent à ce dernier la terminaison *lu* ou *li*. Ex. : *akyl*, esprit ; *akylli*, qui a de l'esprit, spirituel ; *at*, cheval ; *atlu*, qui a un cheval, cavalier.

Cette même terminaison, ajoutée aux noms de villes ou de pays, sert à exprimer les habitans ou les originaires de ces villes ou de ces pays.

Ex. : *Istambol*, Constantinople ; *Istambollu*, Constantinopolitain ; *Franteka*, la France ; *Frantekala*, François.

Les diminutifs, qui sont souvent employés comme termes de caresses, sont formés par les terminaisons *djiq*, *djik* ou *tchik* qu'on ajoute aux noms substantifs. Ex. : *quitâb*, le livre; *quitâbtchik*, petit livre ; *ana*, mère ; *anadjik*, petite mère.

Avec ces diminutifs on en forme de nouveaux, en ajoutant encore la terminaison *az* ou *ez*. Ex. : *el*, main ; *eldjiguez*, main toute petite.

Les diminutifs des noms adjectifs sont formés par la terminaison *djè* ou *tchè* qu'ils reçoivent. Ex. : *ak*, blanc ; *aktchè*, blanchâtre ; *yakin*, près ; *yakindjé*, un peu plus près.

Dans la construction de deux noms substantifs qui sont en rapport entre eux , les Turcs placent le premier celui qui est au génitif, et ils ajoutent à l'autre le pronom possessif de la troisième personne. Ex. : la maison de mon frère , *karda-chumun évi*, comme s'il y avoit , de mon frère sa maison.

Toutes les prépositions deviennent dans la langue turque postpositions, c'est-à-dire qu'elles sont placées après le nom; elles gouvernent certains cas. Ex. : avec votre père, *babanuz ilé;* après moi, *benden sonra;* jusqu'à Paris, *Parisé deq.*

La construction turque ressemble beaucoup

à la construction latine pour les inversions, et le
verbe qui est toujours placé à la fin de la phrase.

Dans le style de la Porte et des historiens,
plus une période est longue et composée d'un
grand nombre de phrases, plus ce style est élé-
gant et recherché. On se sert alors des participes
et des gérondifs pour marquer la fin de chaque
phrase, et le verbe principal seul est placé à
l'indicatif et termine toute la période. Ce genre
de composition exige une attention soutenue,
et convient à une nation aussi grave que la nation
turque.

TABLEAU

RELIGIONS

QUE PROFESSENT LES PEUPLES DE L'EUROPE.

12*

INTRODUCTION.

Il n'est pas prouvé qu'il existe un peuple sans
religion. Dès que les hommes se sont réunis
en sociétés, ils ont reconnu l'existence d'êtres
supérieurs à leur nature, et disposés à exercer
sur leur destinée une influence bienfaisante si
on se les rendoit favorables, malfaisante si on ex-
citoit leur courroux. Ils se sont en conséquence
efforcés d'appaiser ces êtres par des prières, des
offrandes, des sacrifices et par toutes les démons-
trations de respect et de vénération qu'ils ont
pu imaginer. Mais il a fallu qu'un peuple fût
parvenu à un haut degré de civilisation pour
s'élever à l'idée sublime d'un seul Dieu, créateur et conservateur de l'univers. Avant que
l'esprit humain parvînt à cette grande conception, ou que le vrai Dieu se manifestât aux
mortels par une révélation immédiate, les
hommes s'étoient égarés dans le labyrinthe
des idées les plus superstitieuses, d'où il
semble qu'ils ne pouvoient se dégager que par
un miracle de la Providence. L'homme a ima-
giné les absurdités les plus étranges pour se
former des systèmes religieux ; il a adressé ses

hommages à tous les objets de la nature, avant de savoir que la terre qu'il habite, les corps célestes qui excitent son admiration, et les forces mêmes de la nature qu'il ne peut approfondir, sont émanés d'un Dieu tout-puissant et invisible, qui a créé et qui conserve l'ensemble de l'univers.

Quelle que soit la diversité des religions que les hommes reconnurent, on peut les diviser en deux classes : la première comprend tous les systèmes religieux qui méconnoissent le vrai Dieu ; dans la seconde, ceux qui émanent de l'idée d'un seul Dieu, créateur, modérateur et conservateur de toutes choses.

Tous les cultes de la première classe peuvent être compris dans une des subdivisions suivantes : culte des fétiches, culte des astres, culte des hommes et culte des images.

Le mot de *fétiche* (*fetis*, *fetisso*) a été forgé par les Nègres des côtes occidentales de l'Afrique, d'après le portugais *fedes*, qui vient du latin *fides*, pour désigner les objets vivans ou inanimés de la nature auxquels la peur, la reconnoissance ou quelque affection particulière engagent ces peuples à adresser une espèce de culte religieux. Tout ce qui les entoure, la nature entière, les élémens, les arbres, les fleuves, le feu, en un mot tous les êtres chez lesquels ces hommes simples et ignorans observent des propriétés bienfaisantes ou malfaisantes qui leur paroissent incompréhensibles, sont les objets de leur culte. C'est celui des peuples qui sont placés au dernier degré de la civilisation, et qui ont les idées les plus grossières de la Divinité et des rapports qui existent entre elle et l'homme. Aussi ce culte se retrouve-t-il parmi les nations barbares de la Sibérie, et parmi les sauvages de l'Amérique; tous ces peuples ont des espèces de prêtres, ou plutôt de devins et de sorciers, qui s'appellent *schamanes* en Sibérie, *griots* en Afrique, *jongleurs* en Amérique.

Le *culte des astres* n'est qu'un fétichisme épuré. Frappés de l'éclat dont brillent les corps célestes sous le beau ciel de la Babylonie, de la régularité de leurs mouvemens et de l'influence bienfaisante qu'ils exercent sur la terre, les habitans de ce pays regardèrent les astres comme des divinités; ils en firent les objets de leur culte religieux. On appelle ce culte le

Sabéisme, d'après les Sabéens, peuple babylo-
nien, qui transporta par la suite sa demeure en
Arabie. Les prêtres ou savans qui observoient le
ciel, formoient une caste séparée du reste de la
nation; ils se transmettoient d'une génération
à l'autre les connoissances astronomiques et
astrologiques qu'ils s'étoient réservées comme
une propriété.

Les plus célèbres adorateurs du firmament
et des astres sont les anciens Persans, ou les
sectateurs de la religion des *Mages*. Si l'on
pouvoit ajouter foi à ce que les auteurs grecs
nous ont rapporté de ce peuple, il n'auroit eu
ni temple ni autel. Pour sacrifier à la Divinité,
les mages montoient sur des éminences et
adressoient de là leurs hommages et leurs
prières au ciel. Ils offroient des sacrifices au
soleil, appelé *Mithra* en perse, à la lune, à la
terre, mais surtout au feu qu'ils regardoient
comme une émanation immédiate de la Divinité. Les rois, les mages et les pères de famille
jouissoient seuls du droit de faire ces sacrifices.
Les mages qui étoient en possession de ce pri-
vilége descendoient d'une tribu de Mèdes.
Telle est l'idée que les anciens nous donnent
de cette religion; mais si les livres connus sous

le nom de *Zend-Avesta* sont authentiques, la religion des anciens mages n'étoit absolument que celle des Persans modernes, sur laquelle nous reviendrons plus tard.

Il étoit naturel que des hommes simples regardassent comme des êtres d'un ordre supérieur les héros dont la valeur les avoit délivrés de la fureur des bêtes féroces qui leur disputoient la possession de la terre; les législateurs qui avoient rassemblé dans des demeures fixes et soumis à des institutions permanentes les hordes jusqu'alors errantes; les sages qui leur avoient apporté les premiers élémens des arts et des sciences. La reconnoissance, en déifiant ces bienfaiteurs du genre humain, créa le culte des *Anthropolâtres* ou adorateurs de l'homme. Telle étoit la religion des Grecs et des Romains, religion que l'imagination des poëtes a embellie par un grand nombre de fables, dont l'ensemble est désigné par le nom de *Mythologie*. Ces peuples avoient à la vérité des images, mais ces images n'étoient pas, à proprement parler, l'objet de leur culte; elles leur rappeloient seulement les divinités qu'elles présentoient; et si des hommes grossiers et sans éducation ont honoré quelquefois ces simu-

lacres comme des dieux, il seroit injuste de
regarder comme idolâtre la partie éclairée des
nations de l'antiquité. On ne peut même pas
supposer que la mythologie, dont les poètes
grecs et latins nous ont transmis la connoissance, fût la religion des hommes qui s'éle-
voient au-dessus de la foule. On distinguoit, chez
ces nations, la religion *exotérique* de la religion
ésotérique. La première étoit celle du peuple
qui se contentoit d'idées grossières sur la Divinité; on la regardoit comme une institution
politique et nécessaire, à laquelle tout bon
citoyen devoit se conformer pour assurer et
maintenir la tranquillité de l'état. Aussi Ana-
xagoras fut-il accusé du crime d'irréligion pour
avoir enseigné publiquement à Athènes l'existence d'un seul Dieu. Cette doctrine auroit ren-
versé la religion établie et toutes les institutions
civiles et politiques qui en dépendoient. Mais
dans les *mystères* auxquels tous les hommes
éclairés se faisoient initier, on enseignoit probablement une doctrine plus saine et plus philosophique, réservée aux élus. On l'appeloit
ésotérique ou *religion de l'intérieur*. Le plus
grand défaut que l'on puisse reprocher à la
religion des peuples de l'antiquité, c'est que la
morale n'ayant pas pour base les idées reli-

gieuses, la superstition et les fourberies des
prêtres servoient seules à contenir les passions
du peuple.

La religion des Grecs et des Romains a
disparu. Elle n'existe pour nous que dans les
ouvrages des poètes modernes qui s'en servent
encore pour embellir leurs fictions; mais on
trouve dans le fond de l'Asie deux autres religions que l'on peut ranger dans la classe des
cultes anthropolâtres. Ce sont la religion de
Foe et le Lamisme.

La *religion de Foe* est une des quatre que
les lois autorisent à la Chine. Elle y fut introduite dans le premier siècle de notre ère. Son
fondateur vécut, dit-on, environ mille ans
avant Jésus-Christ, dans le Cachemir. Il étoit
de la race des souverains de ce pays. A l'âge de
trente ans il fut rempli de l'esprit divin, et
même transformé en Dieu. Il fonda alors une
religion nouvelle, dont la fin principale étoit
une morale épurée. Foe lui-même est l'objet
du culte de ses sectateurs. Ils ont deux doctrines, dont l'une est tenue secrète. La doctrine
exotérique se borne à l'observation de quelques
cérémonies religieuses et à la pratique des cinq

vertus cardinales qui sont, 1.º de ne tuer aucun
être animé; 2.º de ne pas s'emparer du bien
d'autrui; 3.º de conserver des mœurs chastes
et pures; 4.º de ne pas mentir; 5.º de s'abstenir
du vin. Après s'être épurée par l'exercice de
ces vertus, l'ame retourne vers la Divinité
dans laquelle elle a existé depuis l'éternité,
et se confond de nouveau avec elle. La
doctrine *ésotérique*, ou la religion des initiés,
enseigne, dit-on, l'athéisme et la tendance de
tous les êtres à rentrer dans le néant dont ils
sont sortis. Les prêtres de cette religion portent
le nom de *bonzes*, et habitent dans des espèces
de couvens répandus dans toute l'étendue de
la Chine.

Le *lamisme* est la religion du Thibet et
d'une grande partie de la Tatarie. Il est aussi une
des quatre sectes qui sont légalement reconnues
à la Chine. Son principal dogme est la croyance
de l'incarnation de la Divinité sous la forme
humaine, et sa migration d'un individu dans
un autre. Cet homme-dieu s'appelle *dalaï-
lama*. Vassal, pour le temporel, de l'empereur
de la Chine, il règne au Thibet, et réside sur
la montagne de Poutala, près de Lhassa. Le
dalaï-lama est regardé comme immortel : quand

son ame quitte son enveloppe mortelle, elle
change simplement de demeure, et reparoît
dans un autre corps après un temps plus ou
moins long. Les prêtres seuls, ou lamas, connoissent les signes mystérieux que, d'après le
testament laissé par le grand-lama, doit porter
l'enfant dans le corps duquel son esprit a passé.
L'empereur de la Chine, qui est de race tatare-
mantchoue, reconnoît la divinité du dalaï-
lama, et lui rend un hommage religieux. Les
sectateurs de cet homme-dieu croient à la
métempsycose; il existe parmi leurs prêtres
une hiérarchie composée de divers degrés;
ils ont des couvens d'hommes et de femmes;
ils enseignent la croyance d'un paradis, d'un
enfer et d'un purgatoire. Le dalaï-lama, qui
réunit les pouvoirs civils et spirituels, a au-
dessous de lui plusieurs chefs religieux ou
koutouktous, en qui réside aussi l'esprit divin;
mais après la mort d'un de ces *koutouktous*, le
dalaï-lama seul peut reconnoître le corps dans
lequel son esprit divin a passé.

Telles sont les principales religions fondées
sur le culte des hommes[1]. Il nous reste à

---

[1] On peut y ajouter le système religieux des anciens
Scandinaves. *Voyez* l'appendice I, à la fin du volume.

dire un mot de la quatrième espèce de religions, que nous avons comprises dans la première classe; c'est l'*idolâtrie*, ou le culte des images. Dans le fétichisme, le sabéisme et l'anthropolâtrie, on adore immédiatement les objets vivans ou inanimés qu'offre la nature, tandis que les idolâtres ne regardent pas les images comme des représentations de la Divinité, mais comme faisant elles-mêmes l'objet d'un culte, ou au moins comme des symboles de la Divinité.

Nous avons compris dans la première classe de religions celles dont les sectateurs adorent les fétiches, les astres, les hommes déifiés et les images. La seconde classe comprend les religions qui reconnoissent un seul Dieu : ce sont celles que suivent les peuples de l'Europe. L'exposition de leurs divers systèmes fait l'objet du tableau que nous présentons aux lecteurs; mais avant d'entrer en matière, il convient de parler de trois religions dont le dogme fondamental est la croyance d'un seul Dieu, mais qu'on ne trouve qu'en Asie : ces trois religions sont celles de *Confucius*, de *Zoroastre* et de *Brama*.

Confucius (Kong-fu-tsé), contemporain de

Pythagore, dans le sixième siècle avant notre
ère, appartenoit à la race des souverains de
la Chine. Il devint le fondateur d'une secte
qui occupe le premier rang parmi celles que
reconnoissent les lois de cet empire. Il enseigne l'existence d'un Être suprême tout-
puissant et parfait, l'immortalité de l'ame, et
la récompense des bonnes actions des hommes
après cette vie. Il rejette toute espèce d'idoles,
mais il ordonne des sacrifices. L'empereur seul
a le droit de les offrir à l'Être suprême, et il
l'exerce, quoiqu'il soit attaché au lamisme. La
doctrine de Confucius, consignée dans les cinq
livres saints intitulés *Kings*, offre une morale
pure, mais cependant elle est entachée de
quelques pratiques superstitieuses.

Zoroastre (Zerduscht) est le fondateur ou
le restaurateur de la religion des Persans. On
ne connoît pas avec certitude l'époque à laquelle
il vivoit. Quelques savans croient qu'il a
existé plusieurs Zoroastres, l'un législateur
civil et religieux de la Perse, du temps de
Cyaxare I; l'autre, réformateur de la religion,
et fondateur de l'ordre des Mages, sous le
règne de Darius Hystaspes. Les livres sacrés
de ses sectateurs donnent le nom de Gusch-

tasp au roi sous lequel il a paru. Zoroastre enseignoit [*] qu'un principe éternellement agissant, créateur, moteur, qu'il appeloit *Zerane-Akerone*, a donné l'existence à *Orimaze* (Ormuzd), roi et souverain de la lumière. Auteur de tout ce qui est bon, celui-ci a pour antagoniste *Arimane*, esprit rebelle et réprouvé, source de tout le mal. Zoroastre admet trois mondes : un supérieur, spirituel, séjour de la lumière primitive et de la force productrice; un monde moyen, visible, où règnent Orimaze, roi de la lumière, et Mithra, réunion des forces active et passive de la nature; enfin, une région inférieure des ténèbres, séjour d'Arimane et de sa suite malfaisante, les *Dews*. Il reconnoît une hiérarchie d'êtres célestes et purs, dérivant d'Orimaze, et que les Persans invoquent comme des génies bienfaisans. L'homme, d'origine céleste, étoit d'abord d'une nature lumineuse et pure; mais ayant succombé à l'influence désastreuse d'Arimane, il perdit ses prérogatives ; cependant, en combattant continuellement contre le mauvais principe,

[*] On peut consulter, sur la doctrine de Zoroastre, un ouvrage de M. le baron de Dalberg, intitulé : *Mehaled et Zedli*, histoire d'une famille Druse; Paris, 1812, 2 vol. in-12; livre qui réunit l'instruction à l'agrément.

il aura part à la restauration universelle de toutes choses.

Arimane, le mauvais principe, ne peut être vaincu que par la lumière et la pureté : aussi tout le culte des Persans consiste-t-il en purifications, en ablutions, et en cérémonies qui tendent à rapprocher de la lumière. C'est devant le feu sacré qu'on les pratique et que l'on récite les différentes formules de prières prescrites dans le rituel de Zoroastre. Le feu est une émanation de l'esprit de Dieu et de la force divine, et le symbole de la Divinité. Après le feu, l'eau est aussi regardée comme sacrée. La doctrine de Zoroastre est consignée dans le *Zend-Avesta*, écrit dans la langue morte dite Zend. Anquetil du Perron a le premier fait connoître cet ouvrage en Europe.

On appelle *Parsis* ou *Guèbres* les sectateurs de la religion de Zoroastre : on les rencontre fréquemment en Perse et dans l'Indostan.

Le *bramisme* est la religion des Hindoux ou habitans originaires de l'Indostan [1]. Ils appellent

[1] Indépendamment des Hindoux, les peuples suivans habitent aussi l'Indostan : 1.° des *Turcs* ou *Ghaznides*,

Brame ou Parabrahma, l'Être suprême, éternel,
tout-puissant et infini, le créateur de l'univers.
Voici en peu de mots leur système religieux.
Avant l'origine du monde, Dieu créa un être
de sexe féminin, *Bavani*. C'est sous ce nom
qu'ils ont personnifié la nature, ou la volonté
divine, émanée de Dieu pour créer l'univers.
Cette déesse se présente sous mille formes, et
se montre quelquefois en homme, quelquefois
en femme. Le peuple la regarde comme l'épouse
de Dieu ; toutes les classes la révèrent comme
la déesse de la nature. Elle mit au monde trois
fils, *Brama*, *Vishnou* et *Shiva*, après quoi elle
se changea en trois femmes, et épousa ses fils.
Brama fut chargé de produire toute la création ;
Vishnou en est le conservateur ; Shiva détruira
un jour l'univers, lorsqu'il aura atteint le terme
de son existence. Ces trois divinités sont les
symboles des élémens, de la terre, de l'eau et
du feu. Brama est représenté avec une tête à

qui entre les dixième et treizième siècle étoient maîtres de
Dehli ; 2.º des *Patanes* ou *Afghans*, qui dans le treizième
siècle détruisirent l'empire des Ghaznides ; 3.º des *Mongols*, qui du quinzième au dix-huitième siècle ont dominé
dans ce pays. Ces trois peuples sont musulmans. On trouve
encore en-deçà du Gange, dans la presqu'île, des Parsis
ou Guèbres, et des Européens, surtout des Anglois.

quatre faces (peut-être à cause des quatre parties du monde), assis sur un cygne, pour indiquer que la terre surnage sur l'eau. Vishnou est couché sur une feuille de nymphæa, plante qui représente l'eau. Shiva est armé de la foudre. Ces trois personnes ne sont pourtant qu'un seul Dieu, et forment la Trinité indienne, appelée Trimurti. Les Hindoux admettent la métempsycose, et, d'après cette croyance, s'abstiennent de la chair de tous les animaux ; ils les regardent comme des êtres sacrés qu'il n'est pas permis de tuer. Leur religion ordonne de modérer ses passions, et recommande la sobriété. Dans les premières classes de la nation, les femmes ont l'habitude de se brûler sur le bûcher qui consume les dépouilles mortelles de leurs maris. Chez quelques peuplades indiennes, la polyandrie est tolérée ; une femme peut avoir jusqu'à douze maris. Tous les Hindoux sont divisés en quatre castes, entre lesquelles il n'existe aucune alliance : 1.º les *brames* ou *bramins*, qui sont les savans et les prêtres, forment la classe dont sont tirés tous les fonctionnaires publics ; 2.º les *xétri* ou militaires : c'est d'eux que sont sortis les rajah, qui ont formé des principautés indépendantes, et ce peuple puissant, connu sous le nom de

13.

Mahrattes ; 3.° les *beïs* ou *banians*, les négocians ; enfin, 4.° les *shoutres* ou artisans. Une
cinquième caste, les *pariah*, est composée du
rebut des quatre autres. La religion des Hindoux
se trouve consignée dans leurs *Vedam*, ou
livres sacrés, écrits en langue samscrite.

TABLEAU

DES

RELIGIONS

QUE PROFESSENT LES PEUPLES DE L'EUROPE.

Tous les habitans de l'Europe reconnoissent, au moins publiquement, l'existence d'un seul Dieu, créateur et conservateur de l'univers. Les uns prétendent tenir cette connoissance des seules lumières de leur esprit qui, livré à ses propres forces, peut, selon eux, s'élever jusqu'à cette conception. Les autres adorent un Dieu éternel qui, par la révélation, s'est fait connoître immédiatement aux hommes. On désigne les premiers par le nom de déistes [1] ; les autres peuvent être appelés adorateurs de Jehovah, du nom que porte l'Être suprême dans la langue du peuple qui, le premier, a eu une religion révélée.

[1] On nomme *déistes* ou *théistes* ceux qui reconnoissent l'existence d'un seul Dieu ; *polythéistes* ceux qui en admettent plusieurs ; *panthéistes* ceux qui confondent la nature entière avec l'idée de Dieu ; enfin *athées* ceux qui ont le malheur de ne pas croire à l'existence de Dieu.

Si les simples lumières naturelles suffisent pour faire pressentir l'existence d'un Dieu éternel, on ne peut nier qu'elles ne donnent aucune certitude de cette doctrine consolante. L'homme en effet n'en acquiert une connoissance parfaite que par la révélation. Les dogmes du déisme, s'il y en a, sont simples et en petit nombre : l'existence d'un Dieu créateur et conservateur de l'univers, l'immortalité de l'ame, la nécessité de pratiquer la vertu, voilà tout le système religieux du déiste. Comme la philosophie ignore les rapports intimes entre Dieu et la créature, dont la révélation nous enseigne l'existence; comme elle n'a de la Providence que des idées vagues et incertaines, le déiste ne connoît d'autre devoir envers Dieu que celui de conformer ses actions aux principes éternels de la morale. Nul motif ne le porte à un culte religieux; il n'a besoin ni de temple ni de prêtres. Deux fois, dans ce siècle, on a vainement essayé d'établir parmi les déistes un culte extérieur et public; d'abord en Angleterre, et de nos jours en France, où les fondateurs de ce culte s'appeloient Théophilanthropes [1].

Nous divisons en trois classes les adorateurs de Jehovah; dans la première, nous plaçons

---

[1] Mot barbare par lequel on a voulu indiquer des *amis de Dieu et de l'homme*; il auroit été plus juste au moins de dire *Théanthropophiles*.

ceux qui n'admettent qu'une seule révélation,
les Juifs ; les Chrétiens, qui en reconnoissent
deux, forment la seconde ; enfin les Musulmans,
qui adoptent une révélation postérieure à celle
du Christ, composent la troisième.

Juifs.

Les Juifs ne reconnoissent d'autre révélation que celle qui a été faite au peuple de Dieu par Moïse et par les prophètes. Ils attendent la venue d'un Messie qui doit fonder un grand empire, auquel participeront les fidèles. Ils pratiquent la circoncision et un grand nombre de cérémonies. Ils chôment le septième jour de la semaine. Lorsqu'ils occupoient la Palestine, ils avoient une caste particulière de prêtres, les Lévites ; depuis leur dispersion, qui a produit la confusion de leurs tribus, ils ont cessé de sacrifier à l'Éternel ; et, au lieu de prêtres ou de sacrificateurs, ils n'ont plus que des docteurs, appelés *Rabbins*, qui enseignent la loi dans les synagogues. Ils ne reconnoissent qu'une personne en Dieu. Leurs livres sacrés forment l'Ancien-Testament, écrit principalement en langue hébraïque.

Du temps de Jésus-Christ et des apôtres, les Juifs se partageoient en deux sectes, les *Pharisiens* et les *Sadducéens*. Parmi les premiers, se rangeoient surtout les Juifs d'Alexandrie ou d'Égypte, qui avoient fait des progrès dans la civilisation et les sciences, auxquels les Juifs de la Palestine étoient, pour la plupart, restés étrangers. Ceux-ci se distinguoient par leur attachement à la lettre de la loi, sans se permettre de l'expliquer par les lumières de la philosophie; les Sadducéens étoient en majorité parmi eux. Ces derniers rejetoient le dogme de la résurrection des morts, qui n'est pas exprimé d'une manière très-positive dans ceux des livres de l'Ancien-Testament que les Juifs regardoient comme authentiques. Les Pharisiens au contraire professoient la croyance à une vie future, et avoient adopté, non seulement quelques opinions des philosophes grecs et orientaux, mais aussi beaucoup de cérémonies et de pratiques religieuses que la loi de Moïse n'avoit pas prescrites [1].

Une autre division parmi les Juifs s'est perpétuée jusqu'à nos jours, c'est celle des *Talmudistes* et des *Caraïtes*. Les premiers, qu'on appelle aussi *Rabbanistes* et *Tanaïtes*, reconnoissent, indépen-

---

[1] Il règne quelque obscurité sur l'histoire et les opinions de ces deux sectes. La principale source où nous en puisons la connoissance est l'historien *Josephe*. Cet écrivain étoit lui-même Pharisien, et devoit connoître sa secte; mais son envie de plaire à des lecteurs grecs et romains l'a, à ce qu'il paroît, engagé à envelopper d'obscurité ce qu'il dit des opinions des Pharisiens. Quant à celles des Sadducéens, on peut supposer qu'il ne les a pas développées avec toute l'impartialité possible.

damment des livres de l'Ancien-Testament, une espèce de tradition d'origine divine, renfermée dans le *Talmud*[1]. Ce livre est composé de deux parties, le texte et les interprétations. Le premier, qu'on nomme *Mischna*, a été publié, dans le deuxième siècle après Jésus-Christ, par le rabbin Jehudah Hakkadosch. L'interprétation, nommée *Guemara*, est double ; l'une a été faite peu de temps après le Mischna ; on l'appelle Guemara de Jérusalem ; l'autre est du cinquième siècle, époque où les Juifs étoient très-nombreux à Babylone. Les *Caraïtes* rejettent le Talmud. On en trouve quelques-uns dans la Turquie d'Europe et dans l'ancienne Pologne.

[1] Pour donner à nos lecteurs une idée des excès dans lesquels les auteurs du Talmud sont tombés, nous plaçons à la fin de ce volume, dans l'appendice II, la description de la fête que, d'après eux, le Messie donnera aux élus au jour du jugement. Dans l'appendice III nous parlerons d'une secte sortie du judaïsme, et qu'on appelle communément, quoique par erreur, *Chrétiens de Saint-Jean*. On ne les trouve qu'en Asie.

II.

Chrétiens [1].

Nous appelons Chrétiens ceux qui, indépendamment de la révélation de Moïse et des prophètes, croient encore à celle du Nouveau-Testament, à la venue du Christ, à la rédemption des péchés, et à la résurrection des morts; qui pratiquent le baptême et chôment le premier jour de la semaine [2].

Les premiers disciples du Christ étoient nommés

[1] M. *Boulard* a publié la traduction de l'ouvrage anglois de *Ryan*, intitulé: *Bienfaits de la Religion chrétienne, ou Histoire des effets de la Religion chez les peuples anciens et modernes*. Cette traduction, qui a paru à Paris chez Garnery, a déjà eu deux éditions.

[2] Tels sont les points sur lesquels tous les chrétiens sont d'accord, et que nous regardons comme constituant l'essence du christianisme. Nous n'y comprenons pas la Trinité, parce qu'il y a parmi les chrétiens des unitaires qui ne l'admettent pas. Nous regardons le dogme de la résurrection des morts comme un de ceux qui ont été annoncés positivement par J.-C. et les apôtres; mais nous n'entrons pas dans l'examen des diverses opinions auxquelles il a donné lieu; les uns n'entendant par résurrection des morts que l'immortalité de l'ame; les autres croyant à la reproduction du corps humain, quoique dans une forme plus subtile.

Galiléens et *Nazaréens.* Ce fut à Antioche, où S. Paul et S. Barnabé avoient fondé une église composée de Juifs et de payens convertis, que l'on employa pour la première fois, vers l'an 40 de notre ère, la dénomination de Chrétiens, qui devint habituelle.

Nous divisons les Chrétiens en deux grandes familles : ceux qui, outre la Bible, reconnoissent encore une autorité en matière de foi, et ceux qui n'en admettent pas.

I. *Chrétiens qui, outre la Bible, reconnoissent encore une autorité supérieure en matière de foi.*

Ils forment l'église latine ou d'Occident, et l'église grecque ou d'Orient. Nous allons parler de ces deux églises, en commençant par celle d'Orient.

A. *Chrétiens d'Orient.*

La désunion entre l'église orientale et celle de l'Occident remonte à l'époque où Constantinople devint le siége de l'empire. Dès-lors les évêques de la nouvelle Rome, qui, par la suite, furent revêtus de la dignité patriarchale, prétendirent sinon à la suprématie sur l'évêque de l'ancienne capitale, au moins à l'égalité du rang. Il en résulta de fréquentes brouilleries, qui finirent par produire une scission formelle. Elle commença dès le neuvième siècle. Le patriarche *Photius* accusa l'église latine d'avoir falsifié le formulaire de la foi, rédigé par les deux premiers conciles œcuméniques, en y ajoutant que le Saint-Esprit procède du fils : il lui reprocha en même temps quelques autres erreurs, telles que son opinion sur le célibat des prêtres, que les Chrétiens d'Orient avoient toujours rejetée.

La scission entre les deux églises ne fut pourtant consommée que par suite des disputes suscitées en 1053 par le patriarche *Michel Cerularius*. Indépendamment des erreurs dont Photius avoit accusé l'église latine, il lui reprocha encore l'usage du pain azyme dans l'eucharistie, celui de faire maigre le samedi, et de manger la chair et le sang d'animaux étouffés.

Depuis cette époque, toutes les sectes de l'Orient s'accordèrent à rejeter l'autorité du souverain pontife et celle des conciles œcuméniques assemblés dans l'Occident; elles ne reconnoissent que ceux qui ont été tenus avant le neuvième siècle, quoiqu'elles ne soient pas d'accord entre elles sur l'autorité de quelques-uns de ces conciles. Les Orientaux qui se qualifient d'orthodoxes, en adoptent sept ou huit; d'autres ne reconnoissent que les deux, trois ou quatre premiers conciles; en un mot, chaque secte reconnoît ceux de ces conciles qui ont été tenus avant celui où a été condamné le dogme qui lui est particulier, et pour lequel elle a fait schisme.

Quant à la différence du dogme entre les Orientaux et l'église d'Occident, on peut dire qu'elle n'a lieu d'une manière bien positive que par rapport à la suprématie du pape comme vicaire de Jésus-Christ, et au dogme qui fait procéder le Saint-Esprit du fils, ainsi qu'à deux points de discipline, qui sont la communion sous les deux espèces, et le mariage des prêtres. Il règne quelque obscurité sur divers autres dogmes essentiels. Le dogme ou plutôt la dogmatique, ou, si l'on veut, la terminologie sacrée, étoit à peu près fixée en Orient dans le neuvième siècle, lorsque la rupture entre les deux églises éclata. Celle d'Orient avoit perdu alors le goût des subtilités qui la distinguoit auparavant; ses membres, peu métaphysiciens, se tinrent invariablement aux expressions mêmes dont s'étoient servis les pères et les docteurs des premiers siècles, sans y rien ajouter, sans les modifier ni les expliquer. Dans l'Occident, au contraire, se sont élevées, depuis cette époque, les fameuses disputes sur la transsubstantiation, le purgatoire, les indulgences, etc., qui ont forcé l'église de donner des décisions et de déterminer avec précision la terminologie orthodoxe. Les Orientaux qui n'avoient pas pris part aux discussions, n'adoptèrent pas non plus les termes consacrés par l'église latine. Lorsque, dans le quinzième siècle, on travailla au projet d'une réunion entre les deux églises, les souverains pontifes exigèrent que les Grecs signassent des déclarations par lesquelles ils reconnoissoient les dogmes sur lesquels les conciles œcuméniques d'Occident avoient prononcé. La plupart de ces dogmes n'étoient pas explicitement contraires aux opinions des Orientaux; aussi plusieurs ecclésiastiques de cette communion ne balancèrent-ils pas à signer les formulaires qu'on leur proposoit; mais d'autres, plus attachés à leur système ou moins portés pour la paix, les rejetoient hautement. Cependant, comme depuis la prise de Constantinople par les Turcs, beaucoup de prêtres grecs ont été élevés en Italie, il s'est opéré une espèce de rapprochement entre les dogmes des deux églises sur lesquels on ne s'étoit pas formellement prononcé avant le schisme.

C'est dans cette vue de se rapprocher du dogme de l'église latine qu'on introduisit alors le mot de *metousiosis* (μετουσίωσις), pour exprimer celui de *transsubstantiation*, à la place de ceux de *metabolé* (μεταβολή) et *metastoicheiosis* (μεταστοιχείωσις), dont les anciens pères s'étoient servis, et qui pouvoient admettre un sens métaphorique. Cependant les Grecs ne portent le sacrement aux malades que sans cérémonies et sans lumières; ils ne l'exposent point en public pour être adoré, et ils ne se prosternent point devant lui, à moins que ce ne soit dans l'acte même de l'administration. Enfin, ce qui paroît indiquer que l'opinion de la transsubstantiation est moderne en Orient, c'est qu'il n'y a été institué aucune fête à l'honneur du Saint-Sacrement, et qu'il n'est pas porté en procession.

Il règne un peu plus d'obscurité pour le dogme du purgatoire, les conciles d'Orient n'ayant pas décidé clairement cette matière. L'église grecque admet à la vérité que toutes les ames souillées de péchés sont envoyées dans un lieu sombre, où elles doivent souffrir la punition de leurs fautes. Cette punition seroit éternelle, l'ame, après sa séparation du corps, n'étant plus en état de se procurer du soulagement ni par des repentirs ni par des souffrances, si l'église, par ses prières et ses sacrifices, les fidèles purs par leurs aumônes, et les bienheureux martyrs par leur intercession, n'obtenoient la délivrance du pécheur, ou au moins une allégeance de ses tourmens; mais cette grâce dépend uniquement de la bonté infinie de Dieu, et l'église n'a aucun pouvoir de l'accorder. L'église grecque pense aussi que les bienheureux n'obtiendront la suprême félicité, qui consiste dans la contemplation de Dieu, qu'au jour du dernier jugement; mais en attendant ils jouiront, dans le sein d'Abraham, d'une partie de cette félicité, tout comme les damnés souffrent dès leur mort des tourmens de leur conscience, mais ne seront soumis aux peines éternelles qu'au jour du jugement.

Telle est la véritable doctrine des Orientaux sur l'état des ames après la mort. Au concile de Florence de 1439, l'empereur Jean Paléologue II, le patriarche Joseph et les autres évêques qui, avec ce prince, s'étoient rendus en Italie pour la réunion des deux églises d'Orient et d'Occident, signèrent un formulaire par lequel ils admettoient le purgatoire des Latins; mais cette démarche donna lieu aux reproches que leur adressèrent les prélats orthodoxes attachés à l'ancien dogme, et fit manquer l'union projetée [1].

---

[1] Les protestans aussi ont fait quelques tentatives pour se rapprocher de l'église d'Orient : la conformité qui sembloit se trouver entre leurs opinions sur la présence réelle, avant que les Grecs eussent formellement adopté le terme de *metousiosis*, leur faisoit regarder un rapprochement comme possible. *Josaphat*, patriarche de Constantinople, ayant envoyé à Wittemberg un de ses prêtres pour prendre connoissance de leur doctrine, *Philippe Melanchthon* lui

Voici les autres dogmes ou points de discipline sur lesquels les Orientaux ne s'accordent pas avec l'église catholique. Quoiqu'ils admettent sept sacremens qu'ils appellent *mystères*, il paroît qu'ils n'attachent pas à ce mot le même sens que les Latins; il est certain au moins qu'ils n'en regardent que deux comme d'institution divine, savoir le baptême et l'eucharistie, et qu'ils croient que les autres ont été institués par l'église. Ils donnent la confirmation en même temps que le baptême, qui se fait par une triple immersion; ils y joignent même la communion. Pour donner l'extrême-onction, ils n'attendent pas que le malade soit à l'extrémité; aussi ne l'appellent-ils pas extrême-

adressa, en 1559, une traduction grecque de la Confession d'Augsbourg. Par la suite, les théologiens de Tübingue correspondirent pendant plusieurs années sur le dogme avec *Jérémie*, successeur de *Josaphat*. Ce commerce n'eut d'autre résultat que de donner aux Allemands le goût de la littérature grecque vulgaire, et d'engager quelques Grecs à aller faire leurs études dans des universités protestantes. Le plus célèbre parmi eux est *Cyrille Lukaris*, qui parvint, en 1621, à la dignité de patriarche de Constantinople. Il publia, en 1629, une confession de foi dans laquelle il se décida, quant aux dogmes sur lesquels les catholiques et les protestans diffèrent, pour ces derniers, et surtout pour l'église anglicane. Les intrigues des Jésuites, secondés par quelques prêtres élevés en Italie, parvinrent à le faire étrangler par ordre du Grand-Seigneur, en 1638.

onction ; au contraire, les malades vont recevoir
ce sacrement à l'église quand ils peuvent y aller,
et on le leur administre toutes les fois qu'ils sont
malades. Les Orientaux nient l'indissolubilité du
mariage, et le rompent pour adultère ; mais ils
condamnent les quatrièmes noces. Ils ne reconnoissent pas d'œuvres surérogatoires, et n'admettent par conséquent pas les indulgences.

Les Chrétiens d'Orient varient entre eux sur
le culte des images. Nous avons dit qu'ils célèbrent
l'eucharistie sous les deux espèces ; ils se servent,
dans cette cérémonie, de pain levé, qu'ils
trempent dans le vin [1]. Le mariage des prêtres
est permis, pourvu qu'il se fasse avant l'ordination ; il est nécessaire à ceux qui ont charge
d'ames. Les Chrétiens d'Orient ont, comme
l'église catholique, une hiérarchie et des monastères [2], et sont soumis à des pratiques de dévotion
nombreuses et à des jeûnes plus rigoureux encore [3].

[1] Comme sans doute peu de nos lecteurs ont été dans le
cas d'assister à la célébration de l'eucharistie par les Grecs,
nous donnerons dans l'appendice IV, à la fin de cet ouvrage,
la description de cette cérémonie par un témoin oculaire.

[2] Tous ces monastères sont de la règle de Saint-Basile.
Les moines grecs sont ordinairement nommés *calogers*,
mot corrompu de celui de *calogeros* (καλόγηρος) qui veut
dire proprement *bon vieillard*.

[3] Les Grecs ont quatre grands jeûnes universellement

C'est parmi les Orientaux que se sont élevées toutes ces disputes sur la nature de Jésus-Christ, qui du quatrième siècle au huitième ont nécessité la convocation des premiers conciles œcuméniques. La langue grecque, si riche et si flexible, se prêtoit admirablement à des subtilités qui ne pouvoient avoir que peu d'intérêt pour les Occidentaux dont les langues n'avoient pas assez de finesse pour exprimer toutes ces différentes nuances. C'est par suite de ces disputes que, dès le quatrième siècle, les Chrétiens orientaux se sont divisés en un grand nombre de sectes, dont quelques-unes ont mieux aimé, par la suite des temps, se réunir à l'église latine que se réconcilier avec leurs frères.

observés : 1.° du 15 novembre jusqu'à Noël ; 2.° les quarante jours qui précèdent Pâques ; 3.° le jeûne dit *des Saints-Apôtres*, depuis la semaine après la Pentecôte jusqu'à la Saint-Pierre. Pendant ces temps de mortification, ils ne s'abstiennent pas seulement de viande, mais aussi de beurre, de fromage et de laitage, et de tout poisson ayant des écailles et des nageoires, se contentant de fruits et de légumes, où ils mettent un peu d'huile. Les Grecs regardent ces jeûnes comme essentiels, et tout chrétien comme obligé de les observer. Les moines jeûnent encore plus étroitement, parce qu'ils ne goûtent jamais de vin ni d'huile, si ce n'est le samedi et le dimanche. Il est néanmoins permis aux Russes de manger toute sorte de poissons, parce que leur pays ne produit ni huile ni vin.

Pour donner une idée claire de ces diverses sectes, il sera nécessaire de dire préalablement quelques mots des conciles œcuméniques qui ont été assemblés avant la scission qui a séparé les églises d'Orient et d'Occident. Ils sont au nombre de sept ou huit.

1.º *Le premier concile de Nicée* convoqué par Constantin-le-Grand en 325. La doctrine d'Arius, prêtre d'Alexandrie, y fut condamnée. Cet hérésiarque réprouvoit l'expression de *fils engendré par le père*, et enseignoit que le fils de Dieu étoit la première et la plus noble de toutes les créatures, produite du néant avant toute autre chose, et participant à la gloire de celui-ci. On y décida que le fils étoit *homoousios* (ὁμοούσιος), *consubstantiel*, c'est-à-dire d'une nature parfaitement pareille avec le père, et non *homœousios* (ὁμοιούσιος), ou d'une nature semblable. Quoique condamnés à Nicée, les Ariens se répandirent parmi les Chrétiens d'Orient et d'Occident ; plusieurs souverains se déclarèrent pour leur doctrine ; et, dans le cinquième siècle, Clovis, roi des Francs, se trouva le seul prince catholique non entaché de cette hérésie. Le concile de Nicée rédigea un *symbole* ou une confession de foi reçue dans toutes les églises chrétiennes. Cependant les mots qui disent que le Saint-Esprit

procède du fils, y furent ajoutés postérieure-
ment par des prêtres espagnols, et, à leur
exemple, par toute l'église occidentale, et, en
conséquence, rejetés par celle d'Orient.

2.° *Le premier concile de Constantinople*,
convoqué en 381 par Théodose-le-Grand, ne fut
composé que d'évêques de l'Orient. On y
condamna la doctrine de *Macedonius*, qui
prétendoit que le Saint-Esprit n'avoit pas la même
essence que le père et le fils. Dans le symbole
rédigé par ce concile [1], il est dit que le Saint-
Esprit procède du père, et qu'il doit être adoré
avec le père et le fils. Ce concile décida aussi
que l'évêque de Constantinople jouiroit du premier rang [2], après celui de l'ancienne Rome
qui auroit un rang éminent [3], et qu'il consacre-
roit les métropolitains de l'Asie, du Pont et de
la Thrace. Cette prérogative est motivée expressément sur ce que Constantinople étoit la nou-

[1] Le symbole de Nicée, qu'on appelle aussi la *profession
de foi de Saint-Athanase*, à cause du zèle que ce patriarche
mit à le défendre, tient le second rang dans les églises
chrétiennes. Le premier, connu sous le nom de *Credo*,
est attribué vulgairement aux Apôtres ; mais cette opinion
ne soutient pas une critique rigoureuse.

[2] Τὰ πρεσβεῖα τῆς τιμῆς, dit le canon 3.°

[3] Τὰ πρωτεῖα καὶ τὴν ἐξαίρετον τιμήν.

velle Rome. Aussi les papes ont-ils quelquefois rejeté, à cause de ce canon, tous les décrets de ce premier concile de Constantinople.

3.º Le *concile d'Éphèse* fut convoqué, en 431, par les empereurs Théodose II et Valentinien III, pour décider du différend entre Cyrille, évêque d'Alexandrie, et Nestorius, évêque de Constantinople. Ce dernier réprouvoit l'expression de *mère de Dieu* (Θεοτόκος), employée pour la sainte Vierge. Il enseignoit l'existence de deux personnes distinctes dans le Christ; l'une éternelle, infinie, non-créée; l'autre créée dans le temps. Nestorius fut condamné dans ce concile d'une manière tumultueuse, et sans avoir été entendu dans sa défense.

4.º Le *concile de Chalcédoine* fut tenu, en 451, par ordre de l'empereur Marcien. Il décida, contre Eutychès, moine d'un couvent grec, que Jésus-Christ a deux natures, à la vérité non séparées, mais aussi non confondues (ἀσυγχύτως, ἀτρέπτως, ἀδιαιρέτως, ἀχωρίστως, c'est-à-dire sans confusion, sans mutation, sans division et sans séparation), et réunies en une seule personne (πρόσωπον) et en une seule substance (ὑπόστασις). La doctrine condamnée à ce concile est appelée le *monophysitisme*[1]. On y déclara aussi (canon 28)

[1] La question de la double nature de Jésus-Christ donna

que l'évêque de Constantinople tenoit un rang
égal à celui de l'évêque de Rome (ἐκ πρεσβεία).

5.º Le *second concile de Constantinople*, convoqué par l'empereur Justinien, en 553, déclara
hérétiques quelques opinions d'Origène, qui
étoit mort trois siècles auparavant, et dont les
écrits, depuis cette époque, jouissoient de la plus
grande autorité dans l'église catholique; il pro-
nonça aussi l'anathème contre ce qu'on appeloit
les trois chapitres du concile de Chalcédoine,
c'est-à-dire contre les ouvrages de trois évêques,
Théodore de Mopsveste, Théodoret et Ibas,
que le concile de Chalcédoine n'avoit pas voulu
condamner. Tous ces livres furent déclarés enta-
chés de nestorianisme.

6.º Le *troisième concile de Constantinople*
condamna, en 680, le *monothélisme*. Pour réconcilier les monophysites avec l'église catholique,
Serge, patriarche de Constantinople, avoit
ordonné de se servir d'une phrase qui attribuoit

lieu à quelques autres disputes futiles, telles que la suivante : Si le corps de Jésus-Christ étoit passé à corruption
ou non ? Ceux des monophysites qui soutenoient l'affir-
mative furent appelés φθαρτολάτραι, *corrupticolæ*, adorateurs de ce qui est corruptible, et leurs adversaires
φαντασιασταί, parce qu'ils admettent un corps fantastique,

à Jésus-Christ une seule volonté. Honorius, évêque de Rome, adopta cette formule; mais elle fut rejetée par ses successeurs, et devint l'objet d'une dispute très-sérieuse entre l'église de Rome et celle de Constantinople. Le concile que l'empereur Constantin III convoqua à cette occasion, siégea pendant une année entière; il déclara hérétiques Serge et Honorius, l'un et l'autre morts depuis long-temps, et décida que, dans la personne de Jésus-Christ, il y a deux volontés, l'une humaine, l'autre divine, la première cependant toujours soumise à l'autre et d'accord avec elle.

En 692, l'empereur Justinien II, fils de Constantin III, convoqua un nouveau synode à Constantinople, pour réformer les abus qui s'étoient glissés dans la discipline de l'église. Ce synode établit cent deux règles de discipline. Six de ces canons, qui permettoient aux prêtres mariés de conserver leurs femmes [1], défendoient de faire maigre le samedi, de manger le sang et la chair d'animaux étouffés, et de représenter

---

[1] Cette disposition en faveur des simples prêtres est contenue dans le 13.ᵉ canon; cependant les 5.ᵉ et 6.ᵉ défendent à ceux qui n'étoient pas mariés avant d'avoir reçu les ordres, de prendre ensuite une femme. Le 26.ᵉ canon enjoignit aux évêques de se séparer de leurs épouses.

Jésus-Christ sous la forme d'un agneau ; enfin, attribuoient au patriarche de Constantinople les mêmes prérogatives dont jouissoit l'évêque de Rome [1], ne furent pas adoptés par l'église latine.

Cette assemblée est connue dans l'histoire sous le nom de *concile de Trulle* (c'est ainsi qu'on appeloit une aile du palais impérial où les évêques tinrent leurs séances), ou sous celui de *quinisextum* (σύνοδος πενθέκτη), parce qu'elle compléta les décisions des cinquième et sixième conciles.

7.º Le *second concile de Nicée* fut convoqué en 787 par l'impératrice Irène. En 726, l'empereur Léon l'Isaurien avoit défendu le culte des images : cette défense donna lieu à la fameuse guerre des Iconoclastes, qui dura soixante ans, et occasionna les plus grands troubles civils et religieux. Cette dispute fut terminée par le second concile de Nicée, qui reconnut la légitimité du culte des images [2]. L'évêque de Rome adhéra à cette décision ; mais elle ne fut pas d'abord approuvée dans toute l'église d'Occident. Une assemblée des évêques de tous les états de Charlemagne, convoquée par ce prince à Francfort

----

[1] C'est le 36.ᵉ canon.

[2] Τιμητικὴ προσκύνησις, que le concile distingue de l'adoration, λατρεία.

en 794, la condamna formellement [1], et ce ne fut que par la suite des temps que les clergés de France et d'Allemagne s'y soumirent.

Les Chrétiens d'Orient se partagent en quatre communions principales, selon qu'ils adoptent ou rejettent une partie des conciles dont nous venons de parler.

1. L'*église grecque*, qui s'appelle orthodoxe, parce qu'elle adopte tous les sept conciles œcuméniques, ainsi que le *quini-sextum*. Nous avons parlé plus haut de ses opinions; nous ajouterons seulement qu'elle exige des prêtres qui ont charge

[1] Charlemagne fit rédiger, probablement par le savant *Alcuin*, un ouvrage contre le synode de Nicée. Il a été publié, en 1549, par *Jean du Tillet*, qui devint ensuite évêque de Meaux. Ce qui prouve que l'auteur de cet écrit n'a pas interprété d'une manière erronée les décisions des pères du concile, en confondant la προσκύνησις avec la λατρεία (comme quelques auteurs ont voulu le faire entendre), c'est que dans le troisième livre il parle expressément de cette distinction, et la rejette. La doctrine de cet ouvrage fut confirmée par le synode de Francfort, qui n'exigea pourtant pas que les images fussent enlevées des églises. Le pape Adrien II attaqua, dans une lettre, le canon de ce synode et l'ouvrage d'Alcuin; mais le clergé de France confirma les décisions du synode de Francfort, dans une assemblée que Louis-le-Débonnaire convoqua, en 825, à Paris.

d'ame qu'ils soient mariés, mais qu'elle leur
défend cependant le second mariage; ce qui
les force à renoncer à leurs bénéfices et à se
faire moines, quand ils perdent leurs femmes.
Les évêques sont toujours pris parmi les moines.
La liturgie est rédigée dans la langue du pays [1].

L'église grecque a une espèce de livre symbolique, c'est le Catéchisme rédigé dans le dix-
septième siècle par Pierre Mogilas, métropolitain
de Kiow [2]; les cinq patriarches l'ont adopté.

L'église grecque n'a jamais formé une église
unique. Dès l'origine, les Chrétiens d'Orient
étoient soumis à divers patriarches indépendans
les uns des autres, et subordonnés, jusqu'à un
certain point, à celui de Constantinople; et,
par la suite, les événemens qui, à compter du
septième siècle, démembrèrent les provinces de
l'empire romain d'Orient, et les soumirent à des
peuples d'une autre croyance, ne laissèrent pas
au patriarche de la capitale le temps de bien
affermir son autorité sur ses confrères.

Avant que le siége de l'empire eût été transféré
à Constantinople, l'église, en général, avoit trois

[1] C'est-à-dire en grec, en Grèce; et en russe, en Russie.

[2] Il porte le titre de *Orthodoxa confessio catholica et
apostolica ecclesiæ Orientis.*

patriarches. Ils résidoient à Rome, à Antioche et à Alexandrie. Les diocèses de l'Asie (c'est-à-dire de l'Asie-mineure), de la Thrace et du Pont, ne dépendoient d'aucun de ces patriarches; ils relevoient des primats d'Éphèse, d'Héraclée et de Césarée. L'évêque de Byzance étoit suffragant de celui d'Héraclée. Après que cette ville eut été élevée au rang de résidence des empereurs, ses évêques acquirent une plus grande importance. Nous avons vu que le premier concile de Constantinople leur attribua la juridiction ecclésiastique sur la Thrace, l'Asie et le Pont. Ils obtinrent ainsi le rang de patriarches, qui fut aussi accordé aux évêques de Jérusalem. Par la suite, le patriarche de Constantinople trouva moyen de s'élever au-dessus des trois autres patriarches de l'Orient, et prit le titre de patriarche *œcuménique* ou universel. Après la séparation des églises grecque et latine, les cinq patriarches furent représentés à Rome par cinq églises : le patriarchat romain par l'église de Saint-Jean-de-Latran; Constantinople par celle de Saint-Pierre-du-Vatican; Alexandrie par celle de Saint-Paul, hors des murs; celui d'Antioche par l'église de Sainte-Marie-Majeure; à celle de Saint-Laurent fut attaché le patriarchat de Jérusalem. Dans l'Orient, un nouveau patriarche fut institué dans le seizième siècle, à Moscou.

Le patriarche de Constantinople, malgré l'état d'asservissement où le tient le despotisme des Turcs, a conservé sa prééminence sur ceux d'Antioche, d'Alexandrie et de Jérusalem, et est le chef de tous les Grecs orthodoxes de l'empire turc et de la Hongrie. Il est nommé et déposé par le Grand-Seigneur ; cette dignité est l'objet des intrigues de tous ceux qui ont de quoi satisfaire l'avidité des ministres de la Porte Ottomane ; aussi a-t-on vu fréquemment déposer les patriarches sans autre motif que celui de tirer de l'argent de leurs successeurs. Nous remarquerons encore qu'il existe aussi des patriarches titulaires de Constantinople, d'Antioche et de Jérusalem, que nomme le pape. Pendant les cinquante-sept années que l'empire d'Orient resta entre les mains des Latins (1204-1261), la cour de Rome consacroit ces prélats ; et, comme elle avoit pris pour principe de ne jamais renoncer à aucun droit dont elle avoit une fois joui, elle continua depuis à conférer ce titre à des ecclésiastiques catholiques ou grecs-unis.

Aujourd'hui les Grecs orthodoxes ne forment que deux nations, les Grecs et les Russes.

Les Grecs des provinces de Karduel et Kachet, ou de cette partie de la Géorgie qui, depuis 1801, a été incorporée à l'empire de Russie sous le nom de *Grusinie*, ont un chef ou métropolitain, résidant au couvent de Nizcheta, et qui porte le titre de *Catholicos* ou même de patriarche. Il dépendoit anciennement du patriarche de Constantinople : il est vraisemblable qu'aujourd'hui il est subordonné au Saint-Synode de l'empire de Russie. Le métropolitain, ou catholicos de Cotâtis, capitale de l'Imirète, et celui de la Mingrélie (deux provinces qui forment la Géorgie indépendante), sont encore soumis au patriarche de Constantinople.

L'établissement religieux le plus célèbre parmi les Grecs est celui du Mont-Athos ; il comprend vingt-quatre monastères qui sont situés sur cette montagne, et qui renferment quatre mille moines, parmi lesquels l'église grecque choisit souvent ses dignitaires.

On appelle quelquefois *Melchites* les habitans chrétiens orthodoxes de la Syrie, et des autres provinces du Levant, qui ne sont pas Grecs de nation, mais de religion ; le nom de Melchites signifie proprement Royalistes, et leur a été donné par leurs compatriotes, dont la doctrine fut condamnée par le concile de Chalcédoine. Leur patriarche réside à Damas, mais il porte le titre d'Antioche, ville aujourd'hui ruinée, mais anciennement nommée la ville de Dieu (Θεούπολις), parce que c'est dans ses murs que la dénomination de Chrétiens a pris naissance.

Les *Russes* étoient anciennement soumis, pour les affaires ecclésiastiques, au patriarche de Constantinople. Vers la fin du seizième siècle, le métropolitain de Moscou obtint le rang de patriarche. Pierre-le-Grand voyant que ce chef spirituel avoit acquis une grande l'influence dans les affaires politiques, et se rappelant que sa maison même étoit montée sur le trône par l'assistance d'un patriarche, supprima cette dignité, en 1700, par un coup d'autorité, et en conféra l'autorité au *Saint-Synode*, dont l'empereur est le chef. Pierre III priva le clergé russe de ses richesses; cet acte fut un des prétextes de sa destitution, mais les biens ne furent pas rendus. En Russie, le service divin se fait dans la langue qu'on appelle le vieux-slavon.

Parmi les Russes il y a une secte appelée *Raskolniques*, c'est-à-dire séparatistes, ou *Starowierzi*, c'est-à-dire vieux croyans, qui, ayant le même dogme, se sont séparés des autres Russes à cause de quelques changemens que, dans le seizième siècle, le patriarche *Nicon*, homme éclairé, mais despote, avoit fait dans la liturgie, en corrigeant sur des originaux grecs la traduction slavonne qui fourmilloit de fautes et de contre-sens [1]. La plupart des Cosaques sont Raskolniques.

[1] Un des principaux reproches que les Raskolniques

On appelle *Grecs-Unis* ceux des individus
Grecs, Illyriens et autres, habitant la Hongrie,
la Russie, les Provinces-Illyriennes, les possessions ci-devant vénitiennes, etc., qui, surtout
depuis une centaine d'années, ont reconnu les
trois dogmes importans sur lesquels les églises
d'Orient et d'Occident diffèrent; savoir, que le
Saint-Esprit procède du fils; qu'il existe un purgatoire, d'où les ames peuvent être délivrées par
les pouvoirs de l'Église; enfin que le pape est
l'unique chef visible de l'Église. A ces conditions,
le Saint-Siége leur a permis de conserver leur
liturgie, leur manière de dire la messe, leurs
usages pour les jeûnes, la communion sous les
deux espèces, le mariage des prêtres, à l'exception des évêques; il a aussi donné à tous leurs
ecclésiastiques la permission de porter la barbe.

2. Les *Nestoriens* ou l'*Église chaldéenne*. Ils
ne reconnoissent que les deux premiers conciles

font à l'église russe, c'est que les prêtres, en faisant le
signe de la croix, emploient, outre le pouce, l'index et le
troisième doigt dont on se sert pour diverses occupations
basses ou mécaniques. Les Raskolniques font le signe de
la croix en réunissant le pouce, l'annulaire et l'auriculaire,
et de cette manière ils prétendent figurer non seulement
la Trinité, mais aussi, moyennant l'index et le troisième
doigt, les deux natures de Jésus-Christ.

œcuméniques et les pères de l'Église qui ont
vécu avant le concile d'Éphèse, où leur doctrine
a été condamnée. Ils attribuent à Jésus-Christ
deux personnes ou *hypostases*, refusent de
donner à la Vierge la qualité de mère de Dieu,
abhorrent le culte des images, et regardent
Nestorius et Théodore de Mopsveste comme des
saints. Leurs prêtres, et même leurs évêques,
sont obligés de se marier, et même de contracter
un second mariage après la mort de leurs premières femmes, ainsi que l'a décidé le synode
tenu par l'église persanne, en 499, à Ctésiphon
ou Almodaïn. Quelques auteurs disent qu'ils ne
reconnoissent que trois sacremens ; savoir le baptême, les ordres et l'eucharistie ; mais il paroît
que cette assertion est erronée, et que les Nestoriens pensent sur les sacremens comme tous les
Chrétiens d'Orient qui en reconnoissent sept,
mais dont cinq ne sont pas d'institution divine.

Après que le concile d'Éphèse eut condamné
la doctrine de Nestorius, ses adhérens, exilés
de l'empire romain, trouvèrent un asile en Perse ;
le roi Phéroze déclara, en 462, qu'il ne souffri-
roit pas d'autres Chrétiens dans ses états, et en
bannit tous les orthodoxes. Les Nestoriens se sont
perpétués jusqu'à nos jours dans cette contrée :
ils n'avoient anciennement qu'un seul patriarche
qui porte le titre de *Jazelich* (Catholicos), et

réside à Karemid, capitale du Diarbekir ou de l'ancienne Mésopotamie, ou dans le village d'El-Kosch, près de Mosul; mais, vers le milieu du seizième siècle, il se forma un schisme, et depuis ce temps il existe un second patriarche nestorien en Perse [1].

Les Nestoriens établis dans l'Indostan sont nommés *Chrétiens de St. Thomas*, parce qu'ils prétendent avoir reçu l'évangile par ce saint, dont le corps est conservé à Méliapour. Depuis 1599, ils se sont, pour la plupart, réunis aux Latins, en conservant la communion sous les deux espèces, et le mariage des prêtres.

5. Les *Monophysites* ou *Eutychiens* qui ne reconnoissent que les trois premiers conciles œcuméniques, et n'admettent qu'une nature en Jésus-Christ, savoir la nature divine qui a été incarnée : aussi ne font-ils le signe de la croix qu'avec un seul doigt. Bannis de l'empire romain, ils se sont maintenus dans les pays soumis à la domination des Musulmans, et forment aujourd'hui

[1] Je n'ai pu éclaircir une espèce d'obscurité qui règne sur l'existence de ces divers patriarches : y en a-t-il un à Karemid et un autre à El-Kosch ? ou bien a-t-on confondu celui de Karemid avec le patriarche des Jacobites qui réside dans cette ville ? Où réside le patriarche des Nestoriens de la Perse qui ont fait scission avec ceux du Diarbekir ?

trois branches, les Jacobites, les Coptes et les Arméniens.

Les *Jacobites*, sont ainsi nommés d'après un moine syrien du sixième siècle, *Jacob Baradaï* ou *Zanzalus*, qui parcourut la Syrie et la Mésopotamie pour réunir en une église les Monophysites dispersés, et qui leur donna une hiérarchie. Leur chef, qui prend le titre de patriarche d'Antioche, et porte le nom d'*Ignace*, réside à Karemid. Les Jacobites ont adopté le culte des saints et des images: une grande partie d'entre eux se sont même réunis à l'église catholique, en conservant toutefois quelques rites qui leur sont particuliers. Ces Jacobites réunis ont un patriarche à Alep.

Les *Coptes* ou *Chrétiens d'Égypte, de Nubie et d'Abyssinie*, ont, comme les Jacobites, adopté le culte des images. Deux particularités les distinguent de tous les autres chrétiens; ils ont conservé la circoncision conjointement avec le baptême, plutôt cependant comme une coutume nationale, que comme cérémonie religieuse, et ils célèbrent et le dimanche et une partie du samedi. Leur office commence le samedi soir, et les fidèles passent la nuit à l'église. Le patriarche des Coptes demeure au Caire, mais il prend le titre de patriarche d'Alexandrie et de Jérusalem, et prétend être le successeur de Saint-Marc. Il nomme, pour l'Abyssinie, un vicaire général appelé *Abuna.*

Les *Arméniens* ont peu de fêtes et rejettent le culte des images. Ils ont quatre patriarches, l'un qui porte le titre de Catholicos de tous les Arméniens, et réside au couvent d'Etsch - Miadsin, dans la province d'Irak ou d'Erivan en Perse, et trois autres qui lui sont subordonnés, et dont les siéges sont à Sis en Caramanie, à Gandsasar en Schirvan, et à Agathamar, couvent situé dans l'île de Van en Arménie. Quelques Arméniens se sont réunis à l'église de Rome : ceux-ci ont un archevêque à Naschtschivan sur le Don, colonie arménienne dans la Nouvelle-Russie. Cette dignité est ordinairement conférée à un moine de l'ordre de St.-Dominique.

4. Les *Maronites* vivent dans les montagnes du Liban et dans l'île de Chypre. Ils sont ainsi nommés d'après un prêtre du cinquième siècle, *Jean Maron,* qui leur donna leur constitution. Ils admettent les quatre premiers conciles œcuméniques, et reconnoissent par conséquent en Jésus - Christ une seule personne et deux natures; mais ils sont Monothélites, et n'admettent dans ces deux natures qu'une seule volonté; opinion qui a été condamnée au troisième concile de Constantinople. Quoiqu'ils aient

conservé la plupart des rites de l'église d'Orient, beaucoup d'entre eux se sont cependant réunis à l'église latine. Le pape leur envoie un chef spirituel, qui prend toujours le nom de Pierre, et porte le titre de patriarche d'Antioche. Sa demeure est à Cannobin, couvent du Liban [1].

B. *Église latine ou d'Occident.*

L'église latine reconnoît pour chef le souverain pontife ; elle admet l'autorité de la tradition, ainsi que les décisions de l'église assemblée en conciles œcuméniques, qui sont regardés comme infaillibles. Le plus grand nombre de ses membres attribue cette infaillibilité au pape seul. On appelle les membres de l'église latine les *Catholiques ;* cette dénomination qui indique qu'ils forment l'église universelle, leur est contestée par les Grecs schismastiques et par les hérétiques. Ceux-ci les nomment Catholiques-Romains et Papistes.

Les Catholiques ont sept sacremens d'institution divine ; ils admettent la transsubstantiation dans

[1] On voit, d'après cela, qu'il existe quatre patriarches d'Antioche, dont aucun cependant ne réside dans cette ancienne capitale ; ce sont ceux des Melchites, des Jacobites et des Maronites, qui se traitent réciproquement de schismatiques, et le patriarche *in partibus* que nomme le pape.

l'eucharistie[1], la confession auriculaire, le culte
des saints, le purgatoire, les œuvres de surérogation, les indulgences, les vœux monastiques,
et, au moins comme point de discipline, le célibat des prêtres. Ils administrent le baptême par
infusion; ils reconnoissent non seulement les sept
premiers conciles œcuméniques qui ont été assemblés avant le schisme de l'église orientale (à l'exception du *quini-sextum*), mais aussi plusieurs
autres conciles convoqués par les papes depuis
le neuvième siècle. Le dernier et le plus célèbre
de ces conciles est celui de Trente, qui, avec
quelques interruptions, a siégé de 1542 jusqu'à 1563. C'est ce concile qui a rédigé en un
corps complet de doctrine tous les articles de foi
de l'église catholique, et déclaré *authentique*,
c'est-à-dire ne renfermant rien qui soit contraire
à la foi, la traduction latine de la Bible, appelée
Vulgate, que tous les autres Chrétiens rejettent
pour s'en tenir uniquement au texte original.
Quelques dispositions de ce concile, qui exaltent
trop le pouvoir du Saint-Siège, ont empêché qu'il
ne fût formellement et entièrement reçu en
France. Il n'y fait autorité irrécusable que pour
les points de dogme.

[1] L'expression de transsubstantiation fut consacrée,
comme conforme au dogme de l'église, par les décrets
du concile de Latran de 1215.

Le clergé catholique est nombreux, et, dans quelques pays, riche et puissant : il existe entre les prêtres une hiérarchie et des dignités ecclésiastiques, auxquelles, jusqu'à ces derniers temps, fut attaché quelquefois un pouvoir temporel. Le chef de cette hiérarchie a même été compté pendant plusieurs siècles parmi les grands souverains de l'Europe. Aujourd'hui l'archevêque de Ratisbonne, primat de la Confédération du Rhin, est le seul prélat revêtu de la souveraineté [1] ; mais il ne possède pas le grand-duché de Francfort en sa qualité d'ecclésiastique.

La maxime de l'église catholique est que, hors de son sein, il n'y a pas de salut. On appelle *Ultramontains* les Catholiques qui accordent au pape une autorité supérieure à celle des conciles, et l'infaillibilité en matière de foi [2], tandis que

[1] A moins qu'on ne veuille regarder comme tel le grand-maître de l'ordre de Malte, en Sicile.

[2] Cette doctrine est ouvertement professée dans J. R. VENNY *diss. duplex de romano pontifice falli et fallere nescio*, *Padov.*, 1732, in-8.° ; et dans l'ouvrage du cardinal ORSI, *de irreformabili romani pontificis in definiendis fidei controversiis judicio. Ed. altera* ; *Romæ*, 1771, 3 vol. in-4.°. Ce livre est dédié, par l'imprimeur, à Saint-Pierre ; et par l'auteur, au pape Clément XII, qui vivoit lors de la publication de la première édition. Il est dirigé contre l'ouvrage de *Bossuet*

les Allemands, mais surtout les François se sont maintenus dans les principes consacrés depuis par les conciles de Constance et de Bâle. Ces droits

sur les libertés de l'église gallicane. La doctrine du cardinal *Orsi* avoit été soutenue par les Jésuites dans une thèse qui parut le 12 décembre 1661, à Clermont, sous le titre d'Assertions catholiques de l'incarnation contre les principales hérésies de tout le siècle. Voici les propres phrases de cette thèse : « Ce fut en ce siècle que le schisme de Photius se fortifiant, sépara les Grecs du chef de l'église. Pour nous, nous reconnoissons que Jésus-Christ en est tellement le chef qu'il en a laissé le gouvernement, premièrement à Saint-Pierre, et puis à ses successeurs, et qu'il leur a accordé, toutes les fois qu'ils parleroient, la même infaillibilité qu'il avoit lui-même. Il y a donc en l'église romaine un juge infaillible des controverses de la foi, *même hors le concile général, tant dans les questions de droit que de fait.* » Voyez *Abrégé de l'histoire de Port-Royal*, par *Racine* (Œuvres, éd. de Petitot, Vol. IV, p. 219.)

Opposons à la doctrine des Ultramontains et des Jésuites de Clermont le passage suivant tiré d'un ouvrage de l'un des plus grands prélats de l'église : « Ad secundum principale de facto Gregorii dico, primo : Quod si per « ecclesiam romanam intelligatur caput ejus, puta pontifex, *certum est quod possit errare etiam in iis quæ « tangunt fidem*, hæresim per suam determinationem aut « decretalem asserendo. Plures enim fuerunt pontifices « Romani hæretici, etc. » Telles sont les expressions dont s'est servi le célèbre *Adrianus Florentius Boyers*, professeur de théologie à Louvain, évêque de Tortose, grand-inquisiteur d'Espagne, cardinal de l'église romaine, en

sont connus en France sous le nom de *libertés
de l'église gallicane*. Cette expression, que l'usage
a consacrée, se trouve pour la première fois
dans une ordonnance de St. Louis de 1229.
Quatre propositions, rédigées le 19 mars 1682,
dans l'assemblée générale du clergé de France,
renferment ces libertés. Voici le précis de ces
quatre propositions : 1.º Que les rois et les
princes ne sont point soumis, pour le temporel,
à la puissance ecclésiastique, et qu'ils ne peuvent
être déposés directement ni indirectement par
l'autorité des chefs de l'église, ni leurs sujets

un mot le pape Adrien VI. Le passage allégué est tiré
de ses *Quæstiones in quartum sententiarum*, dont la première édition parut à Paris en 1517, in-fol. Parvenu à la
papauté, en 1522, Adrien fit faire, la même année, sous
ses yeux, une édition de cet ouvrage. On assure que le
passage cité y a été conservé, et ce fait ne doit pas sur-
prendre de la part d'un souverain pontife qui composa
pour lui-même cette épitaphe : *Adrianus VI hic situs est,
qui nihil infelicius in vita, quam quod imperaret, duxit.*
Je n'ai pu le vérifier, l'édition de Rome ne se trouvant
ni à la bibliothèque impériale, ni dans quelques autres
dépôts que j'ai pu consulter; mais il m'a été confirmé par
un savant évêque, auquel je dois la communication de l'édition de 1530, faite à Paris, où j'ai pris ce passage; il s'y
trouve au fol. 55. Il est probable, au reste, que les édi-
teurs auront suivi l'édition authentique, faite sous les
yeux de l'auteur même, une année avant sa mort.

exemptés de la fidélité et de l'obéissance qu'ils leur doivent ; 2.º que les décrets du concile de Constance sur l'autorité des conciles généraux [1], doivent demeurer dans leur force et vigueur, et que l'église de France n'approuve point ceux qui disent que ces décrets sont douteux, qu'ils n'ont pas été approuvés, ou qu'ils n'ont été faits que pour le temps du schisme ; 3.º que l'usage de la puissance ecclésiastique doit être tempéré par les canons ; que les règles, les coutumes et les lois reçues dans l'église gallicane doivent être observées ; 4.º que, quoique dans les questions de foi le souverain pontife y ait la principale part, et que ses décrets regardent toutes les églises et chaque église en particulier, son jugement n'est pas toutefois infaillible, s'il n'est pas suivi du consentement de l'église. Un édit du mois de mars 1682 ordonna que cette déclaration fût signée par tous les docteurs en théologie, et que la doctrine qui y est renfermée fût enseignée dans toutes les universités et maisons d'instruction. Cet édit de Louis XIV a été déclaré loi générale de l'Empire françois, par un décret impérial du 28 février 1810.

En France, les bulles du pape n'ont jamais eu

[1] Ce concile avoit déclaré que les conciles généraux étoient supérieurs aux papes.

force de loi sans l'approbation expresse du prince. Les rapports entre celui-ci et la cour de Rome ont été déterminés par le concordat du 15 juillet 1801.

Une scission menaçoit l'église gallicane dans le dix-septième siècle. Ce fut en 1653 qu'à l'instigation des Jésuites, jaloux de la réputation de savoir dont jouissoient les solitaires de Port-Royal, le pape Innocent X condamna, le 31 mai, cinq propositions sur la grâce divine, tirées, disoit-on, d'un ouvrage intitulé *Augustinus*, qui avoit été publié, en 1640, par *Jansénius*, évêque d'Ypres, dont la mémoire étoit vénérée parmi ces pieux solitaires. Il résulta de cette condamnation une dispute qui mit en jeu toutes les passions. Les solitaires de Port-Royal et leurs amis, hommes savans et pieux, mais un peu exaltés, le célèbre Arnauld, Pascal, Nicolle, soutinrent que les propositions condamnées n'avoient pas été enseignées par Jansénius, et ne se trouvoient pas dans son livre ; mais en même temps ils avancèrent des sentimens dans lesquels on crut apercevoir quelque conformité avec la doctrine condamnée. Cette dispute remplit la France de troubles. En 1656, Alexandre VII prescrivit un formulaire confirmatif de la bulle de 1653 : il devoit être signé par tous les ecclésiastiques. Quelques prélats s'y refusèrent ; l'assemblée du clergé de France et la Faculté de théologie de Paris ordonnèrent, en 1665, la signature du formulaire [1]; il y eut des émigrations considérables de mécontens. Les disputes continuèrent pendant tout le reste du dix-septième siècle et une partie du dix-huitième. Les Jésuites obtinrent, en 1709, la destruction de Port-Royal, et engagèrent, en 1713, le pape Clément XI à condamner, par sa fameuse bulle *Unigenitus*, les cent et une propositions tirées d'un ouvrage du P. *Quesnel*, prêtre janséniste [2]. Le cardinal de Noailles, archevêque de Paris, et le parlement déclarèrent cette bulle attentatoire aux libertés de l'église gallicane. La cour favorisa alternativement les deux partis; et, en 1725, le

[1] Voici le formulaire tel qu'il fut rédigé dans cette assemblée : « Je me soumets sincèrement à la constitution du pape Innocent X, du 31 mai 1653, selon son véritable sens, qui a été déterminé par la constitution de notre saint père Alexandre VII, du 16 août 1656; je reconnois que je suis obligé, en conscience, d'obéir à ces constitutions; et je condamne, de cœur et de bouche, la doctrine des cinq propositions de Cornélius Jansénius, contenue en son livre intitulé *Augustinus*, que ces deux papes et les évêques ont condamnée; laquelle doctrine n'est point celle de Saint-Augustin, que Jansénius a mal expliquée contre le vrai sens de ce docteur. »

[2] Le Nouveau-Testament en françois, avec des réflexions morales sur chaque verset, pour en rendre la lecture plus utile et la méditation plus aisée.

cardinal de *Fleury*, premier ministre, fit déclarer la bulle *Unigenitus* loi de l'état. Les persécutions firent naître le fanatisme religieux, et celui-ci occasionna des scènes scandaleuses contre lesquelles l'autorité civile crut devoir sévir.

Les disputes sur la bulle ne cessèrent entièrement qu'après l'expulsion des Jésuites, qui eut lieu en 1764, et la suppression de cet ordre par la fameuse bulle *Dominus ac redemptor noster*, publiée en 1773 par Clément XIV. Ces disputes firent, en général, beaucoup de mal à la religion, en couvrant une partie de ses ministres du mépris public, et en fournissant à ses ennemis des armes dont ils abusèrent; mais elles ne laissèrent presque aucune trace visible, si ce n'est l'organisation particulière que conservèrent pendant un siècle les églises des provinces-unies des Pays-Bas.

Les habitans catholiques de ces provinces avoient conservé, lorsque la religion protestante devint la dominante, le libre exercice de leur croyance, mais non le culte extérieur et public. Ils vivoient paisiblement et dans la plus grande union. Leur nombre s'augmenta considérablement par suite des troubles qui agitèrent l'église de France, à l'époque dont nous venons de parler. Tous les Catholiques de Belgique et de France, persécutés comme Jansénistes, se réfugièrent en Hollande. Ils y trouvèrent protection

contre les abus d'autorité de la puissance ecclésiastique, leurs confrères les accueillant avec
bienveillance et amitié.

Anciennement le diocèse des évêques d'Utrecht
avoit embrassé l'ensemble des pays qui, après
leur insurrection contre les Espagnols, formèrent
les sept Provinces-Unies. Philippe II, en fondant
les évêchés de Harlem, Deventer, Leuwarde,
Groningue et Middelbourg, avoit élevé la cathé-
drale d'Utrecht au rang de métropole. Mais,
après la révolution qui apporta un changement
total dans les rapports civils et religieux de ces
provinces, on cessa de nommer aux sièges épiscopaux. La juridiction ecclésiastique et quelques-uns
des anciens diocèses continuèrent cependant à exister pour les Catholiques. Les chapitres d'Utrecht
et de Harlem conservèrent leur titre, sans jouir
des revenus qui y avoient été attachés, et ne cessèrent pas de former un conseil ecclésiastique
dont le chef, dépouillé de la pompe unie jadis
à sa dignité, représentoit l'ancien archevêque
d'Utrecht. Il étoit reconnu comme tel par les
fidèles de son diocèse, et portoit ordinairement
le titre d'un évêché *in partibus infidelium*. Les
deux chapitres concouroient à son élection, et
le pape, en le confirmant, l'investissoit du titre
et de l'autorité de *vicaire apostolique*.

Cette organisation déplaisoit aux Jésuites de

la Hollande : ils auroient préféré qu'il n'existât, dans ce pays, aucune jurisdiction canonique, et que chaque communauté formât une mission isolée et indépendante, parce qu'alors ils auroient exercé librement toutes les fonctions ecclésiastiques, sans être soumis à aucun examen, et sans avoir besoin d'une autre permission que de celle de leurs supérieurs. Il s'éleva fréquemment à ce sujet, entre ces religieux et le clergé de la Hollande, des différends dont la décision fut portée tantôt à la cour de Rome, tantôt par-devant les magistrats du pays. On conçoit que ces derniers favorisèrent, dans ces occasions, des prêtres leurs compatriotes, dont la soumission leur étoit connue, plutôt que des religieux étrangers, en qui ils ne pouvoient avoir une confiance entière. Par des motifs opposés, la cour de Rome appuya les Jésuites, au préjudice du clergé du pays, qu'elle regardoit comme trop attaché à ses magistrats hérétiques.

Pierre Codde d'Amsterdam fut nommé, en 1688, par les deux chapitres, à la place de chef spirituel des Catholiques des Provinces-Unies, dont le nombre montoit à plus de trois cent mille : il portoit le titre d'archevêque de Sébaste. On le dénonça à Rome comme entaché de principes jansénistiques : appelé, sous un prétexte quelconque, dans la capitale du catholicisme, il fut obligé, en 1702, de se justifier. Il satisfit à ses juges, et obtint la permission de s'en retourner dans son diocèse ; mais, arrivé à Utrecht, il apprit que le pape l'avoit provisoirement suspendu de ses fonctions, et l'avoit remplacé par un protégé des Jésuites, nommé *Théodore van Cock*. Un certificat de l'innocence de la vie et de la pureté de la doctrine de Pierre Codde, signé par plus de trois cents ecclésiastiques, fut envoyé à Rome ; lui-même adressa au pape sa justification, mais le saint-père le déposa définitivement en 1704. Cette décision causa un schisme parmi les Catholiques hollandois ; les uns se soumirent à la sentence de la cour de Rome, les autres en appelèrent au futur concile. Le gouvernement du pays se déclara pour ceux du dernier parti. Cock fut proclamé intrus, et condamné à l'exil ; on statua aussi que tout ecclésiastique qui prétendroit exercer quelque autorité sur des sujets catholiques, sans y avoir été appelé d'après les formes usitées, et sans avoir été confirmé par le souverain, seroit rejeté. Il fut enjoint aux missionnaires ambulans, dont Cock avoit inondé le pays, et surtout aux Jésuites, de se retirer dans le plus bref délai.

La cour de Rome et ses nonces à Bruxelles et à Cologne employèrent de grands efforts pour déjouer ces mesures, et pour détacher les

Hollandois catholiques de leurs chefs, fidèles aux lois de leur pays. Codde étant mort en 1710, le parti qui lui étoit opposé défendit de lui accorder la sépulture ; les confesseurs ambulans insinuèrent au peuple que les sacremens conférés par des prêtres réfractaires aux ordres du pape, étoient de nul effet ; ces menées augmentèrent la désunion, et contraignirent les magistrats à s'opposer aux prétentions du pape. La bulle *Unigenitus* rendit le schisme plus décidé, et renforça le parti de l'église d'Utrecht, non seulement parce que cette église reçut dans son sein un grand nombre de François persécutés pour leur croyance, mais aussi parce que plusieurs évêques étrangers, mécontens des démarches du souverain pontife, entrèrent en correspondance avec elle. Cette église n'auroit pu, sans cela, se maintenir, parce que, privée d'un évêque, elle ne pouvoit faire conférer, dans son sein, les sacremens de la confirmation et de l'ordre, que par un prélat étranger. Les Catholiques de ce pays s'adressèrent à plusieurs reprises à Rome pour obtenir un évêque ; mais comme le Saint-Siége ne leur répondit que par de nouveaux anathèmes, ils firent ordonner leurs prêtres par des évêques d'Irlande ou de France, qui, malgré les sentences du pape, regardoient leur organisation ecclésiastique comme canonique. C'est ainsi qu'ils remédièrent à un des inconvéniens attachés à leur position ; mais il en restoit un autre tout aussi grave. Plusieurs années se passèrent avant qu'ils pussent faire confirmer leurs enfans. Enfin, ils obtinrent l'administration de ce sacrement par un célèbre missionnaire, *Dominique-Marie Varlet*, évêque de Babylone, qui s'étoit rendu à Amsterdam dans l'intention de s'embarquer pour l'Asie. L'action charitable de ce prélat excita l'indignation des Jésuites ; leur vengeance le poursuivit jusqu'en Perse. Sur les bords de la mer Caspienne, un missionnaire de leur ordre lui remit un mandement de l'évêque d'Ispahan, qui, au nom du pape, le déclaroit suspendu de tous les droits de l'épiscopat. Il retourna alors (en 1721) à Amsterdam, où il continua à prendre un vif intérêt au sort de l'église d'Utrecht.

En 1725, il consacra *Corneille Steenoven* que les deux chapitres avoient nommé archevêque, et, deux ans après, le successeur de ce prélat. Varlet mourut en 1742 : on craignoit alors qu'au décès de l'archevêque d'Utrecht, son successeur ne trouvât pas d'évêque qui voulût le consacrer, et qu'ainsi la suite des archevêques ne fût interrompue. Pour prévenir ce malheur, on choisit dans le clergé d'Utrecht un second évêque pour le diocèse de Harlem, et, dix années plus tard, en 1752, on en nomma aussi à l'évêché de Deventer que l'on rétablit.

C'étoit un phénomène bien singulier que celui d'une église catholique à laquelle ses ennemis les plus acharnés ne pouvoient reprocher aucune opinion erronée, vivant, sous un gouvernement protestant, hors de la communion du souverain pontife. Les Catholiques d'Utrecht ne cessèrent pas de respecter le pape comme chef visible de l'église; ils lui adressèrent itérativement les sollicitations les plus pressantes pour être reçus dans sa communion; mais se voyant privés de cet avantage, et se confiant, disoient-ils, en leur innocence, ils se consolèrent par l'idée d'avoir fait tout ce que leur devoir leur prescrivoit. Ils établirent une distinction entre le siege apostolique et la cour de Rome; prêts à se soumettre au premier, ils reprochèrent à celle-ci des vues ambitieuses et des démarches injustes. Ils refusèrent de reconnoître l'infaillibilité du pape en matière de foi, et n'accordèrent qu'à l'église assemblée en concile le droit de rendre des lois fondamentales.

Cette conduite des archevêques d'Utrecht n'étoit pas faite pour porter la cour de Rome à oublier leur désobéissance. Tous les brefs des papes, depuis Clément XI jusqu'à Benoît XIV,

respirent le plus vif mécontentement. Tous
nomment les membres du clergé de Hollande
des rebelles à Dieu et à son vicaire. Une circonstance rendoit la position de ces prélats plus
singulière encore; ils étoient entourés d'un grand
nombre d'autres Catholiques qui, effrayés des
anathèmes de la cour de Rome, les regardèrent
comme des schismatiques et des Jansénistes, et
renoncèrent à vivre dans leur communion. Cependant le souverain pontife craignant que ces fidèles,
privés à leur tour des deux sacremens qui ne
peuvent être administrés que par un évêque, ne
finissent par se réunir à l'église d'Utrecht, auroit
bien voulu leur envoyer un vicaire apostolique;
il fit faire, en 1725, des démarches à cet effet par
la république de Venise auprès des États généraux; mais le gouvernement se refusa constamment à cette innovation.

Cet état de choses dura jusqu'à nos jours. Sans
culte public, l'église catholique de la Hollande
exerçoit tranquillement sa religion; son chef,
privé de richesses et de puissance, et soumis
aux autorités protestantes du pays, jouissoit
de toutes les prérogatives que le droit canon
attache à sa dignité; son clergé avoit une existence légale, lorsque les événemens politiques,
en faisant participer l'église catholique de la
Hollande au concordat de la nation françoise,

la rétablirent dans la communion du pape. Cependant l'organisation ecclésiastique de ces provinces n'est pas achevée. Mais il est temps de revenir à notre objet.

Parmi les Catholiques de toutes les nations, excepté toutefois les Grecs-Unis, la liturgie et les prières sont rédigées en latin. La religion catholique est celle de tous les Espagnols, Portugais, Italiens, Bohémiens, Autrichiens et Bavarois; de la majorité des François, Irlandois, Hongrois et Polonois; on en trouve un grand nombre en Suisse, en Souabe et en Franconie; quelques-uns en Angleterre, en Hollande, en Russie et dans le nord de l'Allemagne; il n'y en a guère en Scandinavie, en Écosse, ni dans certaines parties de l'Allemagne septentrionale. La religion catholique est celle des habitans des colonies espagnoles, portugaises et françoises en Amérique et aux Indes, de la plupart des habitans du Canada et de quelques-uns de ceux des États-Unis de l'Amérique septentrionale.

Nous avons parlé jusqu'à présent des Chrétiens qui, outre la Bible, admettent encore une autorité suprême en matière de foi, soit celle des conciles œcuméniques, soit celle des souverains pontifes. Nous allons passer à la seconde classe des Chrétiens.

II. *Chrétiens qui, en matière de foi, ne reconnoissent d'autre autorité que celle de la
   Bible.*

Nous les divisons en Unitaires, qui ne reconnoissent qu'une personne dans la Divinité, et en
Trinitaires, qui en adoptent trois.

1. *Unitaires.*

On appelle en général *Unitaires*, ou *Anti-Tri-
nitaires*, tous les Chrétiens qui nient la trinité des
personnes en Dieu. On comprend sous ce nom
plus spécialement les *Ariens* du quatrième siècle,
les *Sociniens*, et les *Unitaires* proprement ainsi
nommés.

Les *Ariens*, dont la doctrine a été condamnée
au premier concile de Nicée, admettoient que
Jésus-Christ est engendré du Père de toute éternité; mais ils soutenoient que le Fils et le Saint-
Esprit sont subordonnés au Père. Les *Sociniens*
nient également la divinité du Christ, mais il est
à leurs yeux la première des créatures et le plus
grand des prophètes, qui a été conçu miraculeu-
sement par l'opération du Saint-Esprit, lequel est
une force émanée de Dieu. Jésus-Christ est venu
donner aux hommes un modèle de toutes les

vertus; il a prouvé notre résurrection future par la sienne. Toute puissance lui a été accordée dans le ciel et sur la terre, et le Père est invoqué en son nom. On appelle *Unitaires* en particulier ceux qui nient la divinité du Christ, et sa préexistence, sans admettre aucun des deux systèmes dont nous venons de parler.

Ces derniers Unitaires sont répandus parmi les chrétiens de tous les pays, mais ils n'ont pas fait de scission, et ne forment pas de secte particulière. Les Ariens, s'il en existe encore, sont dans le même cas. Il ne nous reste donc à parler que des Sociniens.

On les appelle ainsi, d'après *Lelio Sozzini* (mort en 1562), d'une maison illustre de Sienne, qui, obligé de quitter sa patrie pour échapper aux recherches de l'inquisition, alla se réfugier en Pologne, le pays de l'Europe où régnoit alors le plus de liberté; et surtout d'après son neveu *Fausto Sozzini* (mort en 1604), qu'on doit regarder comme le véritable chef de ce parti qu'il réunit en donnant à leur doctrine une forme systématique.

Les Sociniens se rapprochent, dans la plupart des dogmes, du système des Protestans; mais ils rejettent, comme nous l'avons dit, la Trinité et tous les mystères. Leur grand principe est que le Christianisme doit être absolument conforme à la Bible, et que les expressions des livres sacrés doivent être prises dans leur sens le plus simple et le plus naturel, en écartant toute interprétation mystique et tout ce qui tient au merveilleux. Aussi le livre symbolique des Sociniens, le catéchisme de Rakau [1], rédigé par Fausto Sozzini, se sert-il, sur les principaux objets du dogme, d'expressions vagues et indéterminées.

Les fondateurs de cette secte, les Sozzini et leurs premiers amis, n'étoient pas tous des théologiens [2]; c'étoient des gens de lettres et des

[1] En voici le titre : Catechesis ecclesiarum quæ in regno Poloniæ unum Deum Patrem confitentur; Racov., 1609, in-8°. La petite ville de Rakau renfermoit la principale école des Sociniens.

[2] Voici les noms des individus qui peuvent être regardés comme les principaux auteurs de la secte des Unitaires : *Bernardin Ochini*, de Sienne, général de l'ordre des Capucins, célèbre prédicateur, et réputé pour sa sainteté; *André Dudith*, évêque de Cinq-Églises; deux princes *Nicolas Radziwil*; *George Blandrata*, d'abord médecin à Paris, et ensuite auprès de *Jean Sigismond*, prince de Transilvanie, lequel, avec beaucoup de seigneurs de sa cour, se déclara pour la croyance des Unitaires, et leur donna, en 1571, une existence constitutionnelle dans ses états; *Jacques Palsologue*, prétendu descendant des empereurs de Constantinople, qui soutenoit que le christianisme interdisoit l'usage des armes, et qui fut brûlé à Rome en 1585.

hommes du monde qui n'avoient fait une étude approfondie, ni du système religieux de l'église catholique, ni de celui des Protestans : cette origine explique la nature du dogme qu'ils ont adoptée [1]. Au reste, ils enseignèrent une morale très-pure et même très-sévère, parce que, rejetant la rédemption, ils ne reconnoissoient pour moyen de salut, qu'une vie sans tache et sans reproche.

Les Sociniens, également détestés par les Catholiques et les Protestans, éprouvèrent une grande persécution en Pologne, vers le milieu du dix-septième siècle. L'insulte faite à un crucifix par quelques étudians de Rakau en devint le signal. La diète de 1638 ordonna la destruction de l'école de Rakau, qu'on appeloit alors l'Athènes Sarmate, et l'expulsion de tous les docteurs. Celle de 1658 chassa tous les Sociniens du royaume de Pologne et du grand-duché de Lithuanie. Beaucoup d'entre eux arrivèrent alors dans divers pays de l'Europe, cherchant en vain un asile. Aujourd'hui on n'en trouve plus

---

[1] Les Sociniens ne purent jamais s'accorder entre eux sur différentes questions très-importantes, telles que la véritable nature de Jésus-Christ ; si le fils de Dieu devoit être adoré ou non ; si le baptême devoit être donné aux enfans ou aux adultes seulement ; si le serment étoit permis.

qu'en Prusse et en Transilvanie. Ce dernier pays est le seul où ils jouissent d'une pleine liberté de conscience et de l'exercice public de leur culte. Ils y ont une existence constitutionnelle, et forment la troisième religion de l'état. Mais ils se sont formellement déclarés pour la doctrine que le fils de Dieu doit être adoré ; c'est une des conditions de la tolérance qu'ils éprouvent.

Si les sociétés sociniennes ne sont pas nombreuses, les opinions de Sozzini sont d'autant plus répandues parmi les Protestans et les Mennonites en Allemagne, en Hollande, et surtout en Angleterre.

2. *Trinitaires.*

Les Trinitaires trouvent dans les livres du Nouveau-Testament le dogme de la divinité éternelle de Jésus-Christ et du Saint-Esprit, et reconnoissent le dogme de la Trinité. Nous en établissons trois classes, les Protestans, les Anglicans et les diverses sectes de mystiques et d'enthousiastes qui ont été entées sur le protestantisme.

A. *Protestans.*

Les *Protestans* sont ainsi nommés, parce qu'à la diète de l'Empire, tenue à Spire en 1529, les princes et états attachés aux opinions des novateurs *protestèrent* contre toute loi qui défendroit des innovations en matière de religion.

Les Protestans adoptent la Bible comme un ouvrage divin, en rejetant cependant comme apocryphes diverses parties que le concile de Trente a déclarées canoniques; ils recommandent la lecture et l'étude des livres sacrés dont ils ont fait faire un grand nombre de traductions dans toutes les langues; cependant aucune de ces traductions n'est regardée comme authentique, et le texte original seul fait autorité pour eux. Ils pensent que Dieu a donné à l'homme, indépendamment de la révélation, deux grandes lumières : la saine raison pour entendre sa parole, et la conscience pour lui servir de guide dans ses actions. Ils rejettent toute autorité humaine en matière de foi, même celle des conciles; ils adoptent cependant, non comme loi, mais comme conformes à la Bible, les canons des quatre premiers conciles œcuméniques, et la phrase qui énonce la procession du Saint-Esprit du Fils; par conséquent, leur *Credo* est entièrement conforme à celui des Catholiques. Ils ne connoissent que deux sacremens : le baptême qu'ils administrent par infusion, et l'eucharistie ou la sainte cène; ils communient sous les deux espèces : ils rejettent la transsubstantiation, et par conséquent

le sacrifice de la messe ; ils n'admettent pas la légitimité des vœux monastiques, la sainteté du célibat,
l'indissolubilité du mariage, le mérite attribué aux
bonnes œuvres par l'église catholique, ni par suite
les indulgences ; ils réprouvent aussi l'invocation
des saints et le culte des images, la confession auriculaire, la différence entre les péchés mortels et
véniels, la rémission des péchés par une autorité
humaine, l'extrême-onction, le purgatoire et
l'autorité spirituelle du souverain pontife et de
l'église. Chez eux, l'ordination ecclésiastique n'est
qu'une cérémonie religieuse, en vertu de laquelle
les candidats sont reconnus, par leurs confrères,
capables d'exercer le saint ministère : leurs ecclésiastiques ne sont que les ministres du culte et
les serviteurs du prince [1] qui les a nommés, et
des communes qu'ils desservent. Ils n'ont d'autre
autorité que celle qu'ils tiennent des lois du pays
où ils vivent [2]. La confirmation, la confession et

[1] Nous prenons ici, et par la suite, le mot de *prince* dans
le sens qu'il a en droit publique, pour exprimer l'individu
ou le corps revêtu de l'exercice des pouvoirs souverains.

[2] C'est ainsi que dans la plupart des pays protestans,
hors de France, ils sont chargés de la tenue des registres
de naissance, de mariage et de mort; mais ils les tiennent,
non comme ecclésiastiques, mais comme officiers publics
chargés par le prince de cette fonction purement civile.
Dans quelques pays luthériens on admet des ecclésiastiques

la bénédiction nuptiale ne sont de même que des cérémonies religieuses instituées par les hommes, et dont on peut se dispenser. Les Protestans les ont conservées, en en changeant l'objet et la destination ; mais ils ont entièrement supprimé l'extrême-onction.

On divise les Protestans en Luthériens et en Zwingliens ou Calvinistes [1].

Les *Luthériens* sont ainsi nommés d'après *Martin Luther*, moine de Wittemberg : il commença, en 1517, à s'opposer d'abord à l'abus

dans les consistoires ; dans d'autres ils en sont exclus, par la raison que ces consistoires exercent sur eux l'autorité du prince ; dans les pays où ils font partie de ces administrations, c'est par la volonté expresse du prince qui peut en changer l'organisation, et donner sa confiance indifféremment à des laïques ou à des ecclésiastiques. En France, les lois ont donné aux ministres luthériens le droit de siéger dans les consistoires, et même de présider les consistoires locaux ; mais conformément au véritable esprit du protestantisme, c'est un laïque, nommé par l'empereur, qui préside les consistoires généraux.

[1] C'est par erreur qu'en France on se sert quelquefois du mot de protestans pour désigner les réformés seuls ou les luthériens seuls ; cette dénomination est commune aux deux partis, et M. le sénateur *Grégoire* même s'est trompé en disant (*Cérémonies et Coutumes religieuses de tous les Peuples du monde*, nouv. éd. de Prudhomme, Vol. X, p. 316) qu'en Allemagne ce nom désigne les Luthériens.

des indulgences que se permettoient quelques
prêtres en Allemagne : il attaqua ensuite l'autorité du pape et de l'église, et finit, avec ses
partisans, par s'en séparer entièrement. La dénomination de Luthériens a été donnée aux partisans du réformateur par son principal antagoniste
Jean Eck[1], et ensuite par le pape Adrien VI.
Ils refusèrent, dans les premiers temps, de l'admettre, parce qu'ils la regardoient comme un
sobriquet : aujourd'hui que la haine des partis
s'est appaisée, ils ne se trouvent plus offensés par
cette qualification : ils préfèrent cependant celle
d'*Évangéliques* ou d'*Adhérens de la Confession
d'Augsbourg*, qui est le nom officiel qu'on leur
a donné en Allemagne, et qui a aussi été adopté
en France lorsque les lois de l'empire ont accordé
à leurs églises une organisation constitutionnelle.

La Confession d'Augsbourg a été rédigée
par *Philippe Mélanchthon*, le plus savant et
le plus modéré des réformateurs; elle fut présentée, en 1530, à l'empereur à la diète d'Augsbourg, par les princes et autres états qui
avoient embrassé les opinions de Luther. Les
adhérens du luthéranisme ne reconnoissent pourtant pas cette confession ou ce livre symbolique

[1] Dans l'ouvrage intitulé : *Responsio pro Hier. Emsero
contra malesanam Lutheri venationem*, etc., 1519.

comme loi ; ils ne l'admettent qu'autant qu'ils la trouvent fondée dans les livres sacrés et conforme aux règles d'une interprétation critique. « L'objet de ces confessions n'étoit pas , dit un célèbre professeur de l'université de Strasbourg, d'établir une règle infaillible , ni d'imposer un joug aux consciences : elles étoient seulement un lien extérieur entre des églises particulières » . Il en est de même d'un autre livre symbolique, rédigé en 1580 , à Closterbergen, par quelques docteurs protestans, pour terminer les différends qui s'étoient élevés parmi les successeurs de Luther : on l'appelle la *Formule de Concorde*.

Les Luthériens se distinguent des autres Protestans par la manière mystique dont ils s'expriment à l'égard de la présence réelle dans le sacrement de l'eucharistie. Tout en rejetant la transsubstantiation , ils admettent la présence réelle et disent que les fidèles mangent le véritable corps et boivent le véritable sang de J.-C.,

---

 Voyez Principes généraux des Protestans de la Confession d'Augsbourg, par *Koch*, 1792, in-8.°

 On range encore parmi les livres symboliques des Luthériens l'Apologie de la Confession d'Augsbourg ; le Catéchisme de Luther ; et ce que l'on appelle les Articles de Smalcalde, c'est-à-dire l'espèce de profession de foi publiée par les princes protestans qui avoient formé la ligue de Smalcalde contre Charles-Quint.

en mangeant le pain et buvant le vin, *in, cum et sub pane et vino*, de manière que ce pain et ce vin, quoique consacrés, conservent leur nature s'ils ne sont pas distribués aux fidèles, et ne doivent, en aucun cas, être adorés. Ils emploient, dans la communion, du pain azyme, comme l'église latine. Tout en rejetant le culte des images, ils souffrent que leurs églises en soient décorées, en commémoration des événemens qu'elles rappellent.

Les Luthériens ne condamnent pas absolument la hiérarchie, mais ils n'admettent pas qu'elle soit d'institution divine; et leurs prélats, dans les pays où ils en ont, sont soumis au prince qui est toujours investi de la suprématie spirituelle. Cette suprématie, ou, comme disent les publicistes, le *jus sacrorum*, renferme 1.° l'inspection sur la doctrine ou le droit d'autoriser ou d'interdire l'exercice d'un culte, droit nommé *jus circa sacra*; 2.° le droit de nommer à toutes les fonctions ecclésiastiques; 3.° la jurisdiction ecclésiastique; 4.° l'administration et la disposition des biens ecclésiastiques; 5.° le droit diocésain ou la faculté d'organiser le culte extérieur. Le prince exerce par lui-même une partie de ces prérogatives; il en fait exercer d'autres par des administrations établies par lui, et dont il nomme les membres [1].

[1] Tels sont les principes reconnus et établis entre autres

Les Luthériens sont très-nombreux dans le nord de l'Allemagne, en Franconie, en Souabe, en Alsace, dans les nouveaux départemens de la France situés sur la rive gauche du Rhin, et en Hongrie. Les habitans des trois royaumes du Nord et les Prussiens sont attachés à cette croyance, ainsi que ceux des quatre provinces russes qui jadis appartenoient à la Suède, et ceux de la Courlande. En Suède, les Luthériens ont des archevêques et des évêques qui forment un des quatre ordres de l'état, avec lesquels le roi partage l'exercice du pouvoir législatif. En Danemarck on trouve les mêmes dignités ecclésiastiques, mais sans aucune prérogative qui donne une influence politique.

Les *Zwingliens* sont ainsi nommés d'après Ulric Zwingle, pasteur à Zuric, contemporain

par l'ancien droit public général d'Allemagne ; mais nous observerons ici que l'exercice de ces droits étoit limité par les constitutions particulières de divers pays, par des pactes entre les princes et les états, et surtout par les dispositions de la paix de Westphalie, qui circonscrivoit dans des bornes plus étroites le *jus circa sacra*, toutes les fois que le prince n'étoit pas de la même religion que ses sujets, et qui établissoit certaines bases pour la possession des biens ecclésiastiques. Mais toutes ces restrictions sont des exceptions à la règle générale, qui prévaut toutes les fois qu'elle n'est pas restreinte par des transactions expresses.

de Luther, qui opéra en Suisse la même révolution que celui-ci avoit produite en Allemagne. La dénomination de *Calvinistes* tire son origine de Jean Chauvin ou Calvinus, de Nyon, qui répandit les mêmes opinions à Genève et en France. Les Calvinistes se donnent de préférence le nom de *Réformés*, qualification qui, dans les édits de nos rois, a été changée en celle de prétendus reformés. Anciennement on les appeloit aussi *Huguenots*, mot corrompu d'après celui d'*Eydgenossen* (*Confédérés*).

Les Luthériens et les Calvinistes diffèrent dans leurs opinions sur la sainte cène et la prédestination : les Calvinistes rejettent entièrement la présence réelle, et prétendent que le pain et le vin *signifient* seulement le corps et le sang du Sauveur. Ils se servent, dans la communion, de pain levé. Ils soutiennent que, quoique J.-C. soit venu pour sauver le genre humain, il n'y a qu'un petit nombre d'hommes élus depuis l'éternité, et prédestinés au salut. Les Calvinistes exigent dans le culte une simplicité extraordinaire, et rejettent l'usage du crucifix, des images et des cierges, que les Luthériens tolèrent comme simple ornement. Leur régime ecclésiastique est entièrement républicain.

Quoique les Réformés ne reconnoissent pas d'autorité humaine en matière de croyance, ils ont cependant des espèces de livres symboliques ; savoir, en Suisse, la confession helvétique , en Allemagne le catéchisme de Heidelberg, en Hollande les décrets du synode de Dordrecht, en France ces mêmes décrets et la confession de Genève, en Prusse la confession de Thorn de 1645 [1].

On trouve des Réformés en Suisse, en France, surtout dans les départemens méridionaux et dans la ci-devant Hollande, en Écosse, dans le Palatinat et dans les états allemands situés le long du Rhin, ainsi qu'à Brême, et des descendans de réfugiés françois dans diverses parties de l'Allemagne, et surtout à Berlin où ils forment une colonie nombreuse, ayant son organisation particulière et jouissant de grands priviléges.

[1] Cette confession de foi fut rédigée par les Calvinistes de la Prusse et des états de Brandebourg , à l'occasion des conférences religieuses qu'Uladislas VI, roi de Pologne, fit tenir à Thorn entre les Catholiques et les Protestans, non pour opérer une réunion entre ces partis , mais pour les engager à s'expliquer réciproquement le sens de leur doctrine respective , sans disputer sur son orthodoxie. Le but du roi étoit de porter les adhérens des différens cultes à la tolérance, seul fruit que l'on puisse raisonnablement espérer de colloques de ce genre. Mais cette intention bienfaisante fut déjouée par les intrigues des Jésuites et par la haine fanatique des docteurs luthériens contre les Calvinistes leurs confrères.

En Hollande et en Holstein, une secte particulière de Reformés est nommée *Arminiens* ou
Remontrans. Le premier nom leur est venu de
Jacques Arminius ou Harmsen, professeur à
Leide, qui nia la prédestination gratuite et l'effi-
cacité de la grâce par elle-même; ils furent
appelés Remontrans à cause d'une remontrance
qu'ils présentèrent, en 1609, aux États de
Hollande. Leurs adversaires, les Calvinistes
rigides, furent nommés *Contre-Remontrans* ou
Gomaristes. Les opinions d'Arminius furent condamnées, en 1618, au synode de Dordrecht,
dont la tenue peut être regardée comme l'événement qui a consolidé la scission entre les Luthériens et les Réformés. Une branche d'*Arminiens*,
nommée *Collégiens*, parce qu'à défaut d'églises,
ils s'assembloient dans des maisons appelées Col-
léges, et *Rhynsbourgeois*, parce que le village
de Rhynsbourg, près Leide, étoit leur principal
point de réunion, s'est éteinte vers la fin du
dix-huitième siècle. Les individus qui composoient
cette secte se sont réunis les uns aux Arminiens,
les autres aux Mennonistes.

En Écosse et en Angleterre, les Reformés se
partagent en deux classes. On nomme *Presby-*
tériens ceux qui sont régis en affaires ecclésiastiques par une espèce de pouvoir aristocratique
résidant dans les synodes, et *Indépendans* ou

Congrégationalistes ceux qui rejettent ce pouvoir, et parmi lesquels chaque communauté exerce par elle-même le pouvoir ecclésiastique. Les Presbytériens, aussi bien que les Congrégationalistes, sont nommés, en Angleterre, *Non-Conformistes*, en tant qu'ils ne reconnoissent pas l'épiscopat qu'admet la haute église anglicane; mais en Écosse ils forment l'église dominante, et y ont conservé cette prérogative par l'acte d'union de 1707, de manière que les Épiscopaux, ou membres de la haute église anglicane, sont eux-mêmes Non-Conformistes dans ce royaume. On appeloit anciennement *Puritains* tous ceux qui, en 1565, rejetèrent la liturgie anglicane pour établir un culte plus pur : ce mot est tombé depuis en désuétude.

La réformation a été introduite en Écosse par l'influence qu'y exerça Élisabeth, reine d'Angleterre, pendant que Marie Stuart, reine d'Écosse, absente de ses états, vivoit auprès de son époux François II, roi de France. Le calvinisme pur ou presbytérianisme y fut établi par acte du parlement en 1560. Quant aux Presbytériens d'Angleterre, ils datent de l'époque des troubles qui désolèrent ce pays dans la seconde moitié du dix-septième siècle, et où la haute église qui y dominoit fut abolie pendant quelque temps.

Il nous reste à faire quelques observations générales sur le protestantisme.

1.° Les Luthériens s'étant rapprochés, depuis environ cinquante ans, de l'opinion des Réformés sur la présence réelle dans la sainte cène, et ceux-ci ayant adouci leur dogme sur la prédestination, il n'existe aujourd'hui presque plus de différence entre les deux religions, et les adhérens de l'une suivent le culte de l'autre, quand ils n'ont pas d'église particulière. Ils approchent même indistinctement de la sainte cène, célébrée par des ministres de l'une ou l'autre communion, parce que les uns et les autres n'emploient dans cette solennité que les paroles même de l'institution, prononcées par Jésus-Christ, sans y ajouter aucun commentaire. Ce qui a empêché jusqu'à présent la réunion des deux partis, a été surtout la diversité de leur administration ecclésiastique, qui est toute républicaine chez les uns, et monarchique chez les autres, les consistoires des Réformés étant composés d'anciens élus ordinairement par les fidèles mêmes et indépendans les uns des autres; tandis que, parmi les Luthériens, il existe une subordination des églises sous l'autorité des consistoires, souvent exercée, au spirituel, par des délégués du prince qu'on nomme surintendans, inspecteurs, etc. La réunion des deux partis rencontrera encore de grands empêchemens dans la répugnance que les adhérens de l'un des cultes éprouveroient à partager avec ceux d'un autre les établissemens d'instruction et de charité affectés à l'un des deux cultes.

2.° Les premiers réformateurs voulant mettre des bornes à l'esprit d'innovation de leurs contemporains, et poser les bases du dogme, dressèrent la confession d'Augsbourg, qui fut présentée à l'empereur comme le système religieux des Protestans. Les transactions politiques qui, dans la suite, déterminèrent en Allemagne l'état des diverses religions, n'accordèrent les droits civils et politiques, et la possession des biens ecclésiastiques aux Protestans, que comme adhérens de la Confession d'Augsbourg. Leur intérêt les portoit donc à se réunir sous cette bannière, principalement dans les pays soumis à la souveraineté de princes catholiques. Cette circonstance contribua pendant long-temps à maintenir une certaine uniformité de croyance parmi eux, et opposa une digue aux opinions des novateurs. Il étoit contraire cependant à l'esprit du protestantisme de reconnoître comme une autorité l'ouvrage des hommes, quelque éclairés qu'ils fussent : suivant eux, la *dogmatique* est une science comme les autres, et peut varier à mesure que les connoissances prennent de l'accroissement. L'étude des langues orientales et de l'histoire ecclésiastique ayant, depuis le milieu du dix-huitième siècle, fait de grands progrès, les Protestans considérèrent sous un point de vue nouveau des dogmes jusqu'alors regardés comme sacrés. On disputa d'abord sur le degré d'autorité que pouvoient avoir les livres symboliques : on attaqua ensuite le dogme lui-même. C'est l'époque des dissensions entre les *orthodoxes*, attachés au système de Luther, tel qu'il étoit consigné dans la confession de foi et dans le livre de Concorde, et les *hétérodoxes* qui, de degré en degré, allèrent jusqu'à attaquer les doctrines du péché originel et de l'inspiration des livres sacrés. Beaucoup de Protestans penchèrent d'abord vers le socinianisme; ils finirent par se jeter dans le pur déisme. Mais il faut rendre aux philosophes allemands la justice qui leur est due. Tandis qu'en France on attaqua, souvent avec légèreté et indécence, tout ce que la religion avoit de plus sacré, les Allemands, généralement plus instruits, s'empressèrent, au contraire, de rendre hommage à la sublimité de la doctrine évangélique; écartant de la connoissance du public toute discussion sur le dogme, qu'on renferma dans l'intérieur des écoles, les théologiens hétérodoxes ou novateurs se conformèrent extérieurement à la doctrine de Luther; ils employèrent tous leurs efforts à faire chérir le christianisme à cause de sa doctrine consolante et de la pureté de sa morale. Ils s'étudièrent à faire respecter ses ministres par la régularité de leur conduite. Aujourd'hui le protestantisme, dans plusieurs universités de l'Allemagne, n'est plus qu'un déisme très-épuré par la morale évangélique; mais ses ministres continuent de faire une étude particulière des livres sacrés et de l'histoire ecclésiastique.

5.° Depuis quelques années il a été souvent question de projets de réunion entre l'église catholique et les Protestans. On peut douter que les auteurs de pareils projets aient eu une idée claire de ce qui forme la division entre ces deux croyances. On a pu engager les Grecs à renoncer à quelques points de leur dogme, et à en admettre d'autres qui n'étoient pas explicitement contraires à leur profession de foi, en faveur des concessions qu'on leur a faites sur des matières de discipline; mais il ne peut exister aucune union entre les Catholiques et les Protestans, sans que les uns ou les autres renoncent à l'opinion qui fait la base essentielle de leur religion, sans que les Catholiques deviennent Protestans ou les Protestans Catholiques. Cette base qui oppose un obstacle éternel à toute réconciliation, c'est l'autorité que la religion catholique attribue à l'église, et qui est directement contraire à la liberté dans la

recherche de la vérité et du sens de la révélation, qui est, au fond, le seul dogme essentiel
du protestantisme. Que le Catholique cesse de
reconnoître l'autorité de l'église, il est Protestant;
que le Protestant renonce à sa liberté de penser,
il cesse de l'être. Comment concilier des principes tellement opposés?

B. *Anglicans.*

Les *Anglicans* ou *Épiscopaux* forment la
haute église établie en Angleterre depuis le règne
de la reine Élisabeth. Sous Henri VIII, l'Angleterre renonça, pour la première fois, à la soumission envers la cour de Rome. Ce prince, doué d'un
caractère bizarre et inconstant, s'étoit d'abord
opposé aux progrès des réformateurs, dont les
opinions, se trouvant conformes en plusieurs
points à celles de Wiclef, trouvoient un grand
nombre de partisans dans ses états; Henri VIII
publia même, en 1522, contre Luther, un livre intitulé *Assertio septem sacramentorum*, qui lui valut,
de la part du pape Léon X, le titre de Défenseur
de la foi, et de la part de Luther une réplique
remplie d'invectives. Mais il se brouilla ensuite
avec le pape Clément VII, parce que ce pontife,
craignant l'animadversion de Charles-Quint, ne
voulut pas prononcer le divorce entre Henri VIII

et Catherine d'Aragon. Fort des décisions des universités de l'Angleterre et d'un grand nombre de canonistes de toute l'Europe, Henri VIII fit prononcer, en 1532, la nullité de son mariage par Thomas Cranmer, archevêque de Cantorbéry, qui avoit adopté toutes les opinions des réformateurs d'Allemagne, et travailloit à les introduire en Angleterre. Le pape ayant cassé la sentence de l'archevêque, et cité le roi devant son tribunal, celui-ci fit abroger, en 1534, par le parlement, l'autorité du pape en Angleterre, en prenant lui-même la qualité de chef suprême de l'église anglicane, que le parlement et l'assemblée du clergé reconnurent [1]. Il alla plus loin. Non seulement il supprima les couvens et en confisqua les biens au profit de la couronne, mais il introduisit en Angleterre une religion toute particulière, à la fois différente de la croyance catholique et de celle des Protestans. Son dogme fut établi par un acte du parlement de 1539, qui est connu sous le titre de *Loi pour les six articles*. Ces six articles portent, 1.º qu'après la consécration du pain et du vin dans l'eucharistie, il ne reste aucune substance de ce pain

[1] Ce titre lui avoit été déféré, dès 1531, par l'assemblée du clergé de la province de Cantorbéry, une des deux métropoles de l'Angleterre, et quelque temps après par celle de la province d'Yorck.

ni de ce vin, mais que le corps et le sang de Jésus-Christ y sont sous ces enveloppes ; 2.º que l'écriture n'établit pas la nécessité absolue de la communion sous les deux espèces, et qu'on peut être sauvé sans cela, puisque le corps et le sang de Jésus-Christ existent ensemble dans chacune de ces espèces ; 3.º que la loi de Dieu ne permet point qu'on se marie après avoir reçu l'ordre de prêtrise ; 4.º que suivant la même loi, il faut garder le vœu de chasteté quand on l'a fait ; 5.º que l'usage des messes particulières a son fondement dans l'église ; 6.º que la confession auriculaire est utile et nécessaire. Des peines très-graves furent infligées aux personnes qui refusoient d'admettre ces six articles. La très-grande majorité du clergé se soumit aux innovations de Henri VIII ; ceux des ecclésiastiques qui étoient restés attachés à la cour de Rome, dissimulèrent leurs sentimens, et les amis de la réformation espéroient qu'il viendroit un temps qui seroit plus favorable à leurs projets.

Cet espoir ne fut pas déçu. Henri VIII étant mort au commencement de 1547, Édouard VI, son fils, âgé de dix ans, lui succéda. Sous la minorité de ce prince, l'Angleterre fut gouvernée par un conseil tout composé d'amis de la réformation, et dans lequel l'archevêque Cranmer, un des plus grands hommes de son siècle, eut une influence prépondérante. Le roi lui-même avoit été élevé dans des principes conformes à ceux des réformateurs, et étoit zélé pour sa croyance. Cependant on procéda par degré dans le changement qu'on s'étoit proposé d'introduire. On commença par détruire les images et les reliques ; on répandit parmi le peuple des traductions de l'Évangile ; un acte du parlement de la fin de l'année 1547 établit la communion sous les deux espèces ; on abolit ensuite les messes privées ; on déféra au roi le droit de nommer aux évêchés ; bientôt après Cranmer rédigea un catéchisme conforme aux principes des Luthériens, excepté qu'outre les sacremens du baptême et de la sainte cène, il admit encore celui de la confession, et qu'il déclara de droit divin l'institution des prêtres et des évêques ; on introduisit ensuite une nouvelle liturgie d'après laquelle le service divin fut célébré en langue angloise ; le mariage des prêtres fut permis. Enfin, en 1551, on dressa une confession de foi en quarante-deux articles, par lesquels l'Écriture fut déclarée seule autorité en matière de foi ; on rejeta les œuvres de surérogation, le purgatoire, les indulgences, la vénération religieuse des images et des reliques, et l'invocation des saints ; on réduisit le nombre des sacremens à deux ; on rejeta la transsubstantiation, la sainteté du célibat des prêtres et la jurisdiction du Saint-Siége ; on déclara les rois d'Angleterre chefs souverains des églises de leurs états. Tous ces changemens furent confirmés et approuvés, presque sans aucune résistance, par le clergé anglois.

Le même clergé se soumit aux volontés de la reine Marie qui, parvenue au trône en 1553, rétablit la religion catholique, et reçut un nouveau légat du pape en Angleterre. Cette princesse, d'un caractère sombre et mélancolique, fit brûler un grand nombre de réformateurs, et entre autres Cranmer, et Ridley, évêque de Londres, un des prélats les plus savans de ce pays. Son règne ne fut que de cinq ans. Élisabeth, sa sœur, qui lui succéda en 1558, avoit été élevée dans les principes des réformateurs ; mais elle aimoit les cérémonies, et elle estimoit que les ministres d'Édouard avoient eu tort de dépouiller le culte de l'éclat qui en impose à la multitude. Elle se faisoit scrupule de prendre la qualité de *souverain chef des églises d'Angleterre*, que son père et son frère avoient portée ; elle espéroit d'ailleurs réunir tous ses sujets dans un même culte. En conséquence elle se contenta de faire reconnoître sa primauté, et prit le titre de *suprême administratrice de ses royaumes dans le spirituel et dans le temporel ;* elle adopta les principes des Luthériens en tout ce qui concerne le dogme, en modifiant cependant leur croyance sur l'eucharistie, et en s'exprimant sur ce dogme en des termes mystiques, d'après lesquels Jésus-Christ est présent dans l'eucharistie en un sens spirituel, et reçu par les fidèles par la foi; mais elle conserva du rit romain la hiérarchie et le gouvernement des évêques, dont elle regardoit l'institution comme étant de droit divin. Élisabeth éprouva plus de résistance de la part du haut clergé que n'en avoient ressenti son père et son frère; mais comme la majorité du peuple anglois étoit portée pour les principes de la réformation, et que cette princesse régna près d'un demi-siècle, il ne lui fut pas difficile de consolider son ouvrage et d'affermir le système religieux qu'elle avoit établi.

En 1562, les archevêques et évêques d'Angleterre dressèrent un acte connu sous le nom des *Trente-neuf articles* ou *Acte de conformité*, qui établit la doctrine de l'église anglicane, et peut être regardé comme son livre symbolique. Il faut souscrire ces articles avant de pouvoir prendre possession d'un bénéfice ou emploi ecclésiastique. Pour être membre du parlement, il suffit de prêter le serment du *test* par lequel on reconnoît la suprématie spirituelle du roi.

Ce système s'est maintenu jusqu'à nos jours parmi la majorité des habitans de l'Angleterre, qui forment la haute église, dont les évêques se regardent comme les successeurs des apôtres, d'où ils dérivent leur pouvoir, au moyen de l'ordination qui remonte aux premiers évêques institués par les apôtres, et porte, d'après eux, un caractère indélébile. Pendant les troubles qui agitèrent le règne de Charles Ier, et qui suivirent la mort de ce prince, la haute église fut supprimée en Angleterre ; mais elle rentra dans ses droits avec le rétablissement de la royauté.

Les deux partis politiques qui divisent les Anglois, les *Torys* et les *Whigs*, se retrouvent aussi dans leur église. Les premiers prétendent, sinon que leur église est infaillible, au moins qu'elle ne s'est jamais trompée, et soutiennent qu'il n'y a pas de salut hors des églises qui ont des évêques dont l'ordination remonte jusqu'aux apôtres. Les Whigs ont moins de prétentions ; si la hiérarchie leur paroît nécessaire dans la constitution politique de l'Angleterre, ils ne condamnent pas ceux qui l'ont abolie en d'autres pays. Ces deux partis ont joué depuis cent cinquante ans un grand rôle dans l'histoire de l'Angleterre ; les Torys favorisent la prérogative royale, tandis que les Whigs ont des principes plus républicains.

On appelle en Angleterre *Dissenters* ou *Non-*

Conformistes tous ceux qui ne sont pas de l'église anglicane, qu'ils soient Protestans, Catholiques, Quakers ou Juifs; mais quelquefois on restreint l'acception de ce mot aux Protestans qui rejettent l'épiscopat.

C. *Mystiques et Enthousiastes.*

Nous réunissons sous cette dénomination différentes sectes qui se sont formées, soit parmi les Protestans, soit parmi les Anglicans. Dans cette nomenclature, nous ne comprenons que les sectes qui forment des partis nombreux, qui se sont soutenues pendant un certain temps [1], ou qui ont une existence légale.

1. Les *Mennonites* ou *Anabaptistes*, qui s'appellent *Baptistes* [2]. Ils rejettent le baptême des enfans, comme nul; ils réprouvent le serment et

[1] Par conséquent nous omettons les *Swedenborgistes*, les adhérens de *Jacques Boehm*, du docteur *Jung*, en Allemagne, et d'autres hommes d'une imagination exaltée.

[2] On les appelle *Anabaptistes* (*Wiederteufer*) parce que regardant comme nul le baptême administré aux enfans, ils rebaptisent les individus qui embrassent leur secte; ils se donnent eux-mêmes le nom de *Baptistes* (*Teufer*) par excellence, parce qu'ils ne baptisent que ceux qui sont parvenus à l'âge de raison.

l'usage des armes. Ils affectent une grande simplicité de mœurs, et se servent, pour le dogme,
des paroles mêmes de la Bible, sans se permettre
de les commenter, et encore moins d'y rien
ajouter. La discipline ecclésiastique est exercée
parmi eux avec sévérité.

L'origine de cette secte remonte au temps où
Luther commença à prêcher sa doctrine. *Mel-
chior Hoffmann*, prédicateur à Kiel, qui s'annonça comme prophète et comme envoyé de
Dieu, devint le chef d'une association fanatique. Il administroit une seconde fois le baptême
à ceux qui se joignoient à lui. La ville de Munster
en Westphalie devint le théâtre d'événemens
tragiques causés par des fanatiques de cette secte.
Ils chassèrent, en 1534, le magistrat, et élurent
pour roi de la nouvelle Sion *Jean Bekold*,
tailleur de Leyde, connu sous le nom de Jean
de Leyde, qui se fit couronner, permit la poly-
gamie, prit lui-même jusqu'à dix-sept femmes,
et commit des excès dans tous les genres. Il fallut,
pour rétablir l'ordre, lui faire la guerre et
prendre d'assaut sa capitale. Celui qui engagea
ces fanatiques à renoncer à leurs chimères, et
qui les réconcilia avec les autorités civiles, fut
Menno Simons, prêtre catholique, qui, en 1536,
devint l'apôtre des Anabaptistes, et ramena leur
doctrine à un système plus modéré. Comme les

Protestans, ils ne reconnoissent aucune autorité humaine en matière de foi, et se contentent de la Bible, que chacun explique à sa manière. Aujourd'hui ils forment, en Suisse, en Allemagne, en Hollande, en Angleterre et dans les pays du Nord, une classe d'hommes très-pacifiques, probes, sobres et industrieux, qui s'occupent du commerce, mais surtout de l'agriculture et de l'éducation des bestiaux.

2. Les *Quakers* ou *Trembleurs*, qui s'appellent *Amis*, espèce d'enthousiastes qu'on ne trouve qu'en Angleterre et en Amérique, eurent pour fondateur *George Fox*, cordonnier de Leicester, qui, en 1647, à l'âge de vingt-deux ans, s'érigea en réformateur des mœurs de ses contemporains. Ses nombreux adhérens rejettent tous les sacremens, quoiqu'ils pratiquent le baptême et administrent la cène comme des cérémonies purement spirituelles. Selon eux, Dieu, qui a inspiré la Bible, dirige chacun par une inspiration immédiate. Ils réprouvent toute distinction de rang et de condition, toute espèce de luxe, le mariage, comme acte religieux, la célébration du dimanche, le serment et le port d'armes, et, à plus forte raison, la guerre, qu'ils regardent comme illicite. Ils n'ont pas d'ecclésiastiques salariés; dans leurs assemblées religieuses, celui qui se croit éclairé

par la lumière intérieure, se lève pour parler ou prier Dieu. Quant au dogme, il règne parmi eux la plus grande liberté, et ils méprisent la science théologique.

5. Les *Piétistes. Philippe-Jacques Spener*, natif de Strasbourg, successivement prédicateur à Francfort, à Dresde, et enfin à Berlin, où il mourut en 1705, est le fondateur de cette secte, qui n'existe qu'en secret, et sans avoir fait scission avec les églises protestantes. Cet homme simple, modeste et pieux, frappé du peu de fruit produit par les prédications des ministres de son temps, qui, se bornant à la dogmatique et à la polémique, négligeoient entièrement la morale, conçut l'idée de remplacer le culte extérieur par une dévotion intérieure et pratique, et de bannir de la religion tout ce qui lui donne l'apparence d'une science humaine. Malheureusement le zèle religieux de ce réformateur n'étoit pas éclairé par les lumières d'une saine philosophie; il donna dans un mysticisme qui fit beaucoup de mal à la religion. Ses disciples et ses sectateurs, qui sont surtout très-nombreux en Suisse, se distinguent par leur intolérance, et par un orgueil religieux qui contraste avec l'humilité réelle du fondateur de cette secte.

Un des résultats les plus mémorables de la

réforme tentée par Spener, fut la fondation de l'université de Halle en 1692. Elle devint le siége du piétisme. Le plus célèbre parmi les docteurs de cette école, *A.-H. Franke*, homme savant et pieux, par la grande considération dont il jouissoit en Allemagne, dans tous les pays protestans et en Angleterre, parvint à fonder la fameuse maison des orphelins de Halle. Cette maison est une des institutions littéraires les plus vastes de l'Europe ; elle a été extrêmement utile aux sciences.

Différentes sectes répandues en Allemagne sont entées sur le piétisme. Tels sont les Herrnhuters, dont nous allons parler, les Séparatistes de Tubingue et de Bâle, qui ont des correspondans à Londres.

4. Les *Frères Moraves*, ordinairement appelés *Herrnhuters*. Leur origine remonte au quinzième siècle. En 1456, plusieurs familles qui s'étoient séparées de l'église romaine, et avoient adopté les opinions de Huss, se réunirent en une communion. Persécutés en Bohême, ils se réfugièrent en Moravie et en Pologne, où ils se réunirent avec les Réformés. Au commencement du dix-huitième siècle, un comte de Zinzendorf, homme qui cachoit, sous des dehors insinuans, une ame ambitieuse et des penchans voluptueux, attira,

dans ses terres situées en Lusace, une partie de
ces sectaires ; ils y bâtirent un bourg qui fut
appelé *Herrnhuth* (protection du Seigneur), et
y formèrent, en 1727, une société religieuse,
dont le comte devint l'évêque. Il donna à leur
système une forme nouvelle, en y amalgamant
le piétisme. Le fanatisme actif de ce chef, et son
zèle pour l'accroissement de son troupeau, firent
établir beaucoup de communautés affiliées en
Allemagne, en Hollande, en Angleterre, à Sarepta
en Russie, dans l'Amérique septentrionale, au
cap de Bonne-Espérance, et dans les colonies
danoises des Indes orientales et occidentales.

Les frères Moraves sont des espèces de fanatiques qui croient parvenir à la perfection par une
lumière intérieure et une communication plus intime avec Dieu. Ils se servent, dans leurs discours
et leur liturgie, de termes mystiques, et affectent
une certaine *sentimentalité* religieuse qui les a
souvent rendus ridicules ou suspects d'hypocrisie.
Le gouvernement de leurs anciens ou chefs ecclésiastiques s'étend sur beaucoup de transactions de
la vie civile, tels que les mariages, les acquisitions
d'immeubles, et autres actes qui ne peuvent être
conclus sans leur consentement. Ils professent
extérieurement la religion protestante, luthé-
rienne ou calviniste, tiennent des assemblées
secrètes et entretiennent des correspondances

fort actives entre les diverses sociétés dont se compose leur association générale.

5. Les *Méthodistes*. Le berceau de cette secte a été l'université d'Oxford, où elle a pris naissance parmi quelques étudians, vers 1730. *John Wesley* en fut le fondateur. On les appela par dérision *Méthodistes*, à cause de la régularité et de la sévérité qu'ils affectoient dans leurs mœurs et dans les exercices de dévotion. *John Wesley* et son frère *Charles* s'adjoignirent par la suite *George Whitfield*, qui est regardé comme le second fondateur de la secte.

Les Méthodistes n'admettent pour règle de foi que la Bible; ils laissent à chacun le soin d'entendre, comme il le peut, le sens de la révélation; mais ils insistent sur la nécessité des exercices pieux, qu'ils pratiquent avec un zèle exalté. Ils proscrivent toute espèce de luxe et les amusemens mondains. Indépendamment des prédicateurs ordinaires attachés à leurs *tabernacles* (c'est ainsi qu'ils nomment leurs lieux de réunion), ils en ont d'ambulans qui prêchent dans les champs. On prétend que *Wesley*, mort en 1791 dans un âge fort avancé, a prêché cinquante mille fois en sa vie; cependant les Méthodistes regardent les prières à haute voix comme plus efficaces pour l'édification des fidèles que les sermons mêmes, et, dans leurs réunions, ceux qui se croient inspirés se lèvent, entretiennent l'assemblée de l'état de leur ame, et récitent de longues prières ou méditations. Leur principale fête est celle dite d'*amour*, qui imite l'*agape* des premiers Chrétiens ; cérémonie touchante et charitable, que l'église a cru devoir abolir à cause des abus qui s'y étoient glissés.

Les Méthodistes se partagent en deux partis : les adhérens de Whitfield admettent la prédestination comme les Calvinistes rigoureux ; ceux de Wesley ont adopté les principes des Arminiens.

Ce n'est que vers la fin du dix-huitième siècle que les Méthodistes ont fait scission avec l'église anglicane, à laquelle, dans le commencement, ils se disoient attachés. Ils font des progrès rapides en Angleterre et dans l'Amérique septentrionale. On prétend qu'aujourd'hui une très-grande partie d'entre eux ont adopté les principes des Unitaires.

III.

Les Musulmans.

Les Musulmans reconnoissent Moïse et Jésus-
Christ pour des envoyés de Dieu ; mais Mahomet
est à leurs yeux le plus grand des prophètes, qui
a annoncé aux hommes la troisième révélation
dans un livre nommé le *Coran*. Ce code religieux
est en même temps leur code civil. Le mot de
Coran signifie proprement *collection* ; le Coran
est en effet le recueil des discours ou sermons de
Mahomet.

Le fondateur de cette religion faisoit remonter
son origine à Ismaël, fils d'Abraham. Il appartenoit à la famille des Koréchites, une des plus
considérées parmi les Arabes ; elle possédoit même
la cité et le temple de la Mecque, bâti, dit-on,
par Ismaël. Mahomet naquit l'an 569 après Jésus-
Christ. A l'âge de quarante ans, il prit le caractère d'un prophète envoyé par Dieu pour rétablir dans sa pureté la religion d'Abraham. Chassé
de la Mecque, il se retira à Médine, l'an 622.
Cette fuite, appelée *Hedjra* ou *Hégire*, est
regardée comme l'époque de l'établissement de
sa religion : elle sert d'ère commune à tous les
peuples musulmans.

Les sectateurs de Mahomet appellent leur

croyance l'*islam* ou l'islamisme ; ce mot signifie, selon leurs docteurs, la soumission absolue de l'ame et du corps à Dieu et à la révélation de sa volonté, faite par Mahomet, son prophète. On appelle *Moslem* ceux qui font profession de cette soumission : de ce mot nous avons fait celui de *Musulmans*. Deux articles en font la base ; ce sont les suivans : Il n'y a qu'un seul Dieu, et Mahomet est son prophète. Ses préceptes sont au nombre de quatre : la prière, à laquelle il faut s'être préparé par des ablutions ; le jeûne ; les aumônes, et le pélerinage à la Mecque, que chaque fidele devroit faire au moins une fois en sa vie. Les Musulmans attendent le jour de la résurrection et d'un jugement universel ; les infidèles seront condamnés à une punition éternelle proportionnée à leurs fautes et au degré d'opiniâtreté qu'ils auront montré en se refusant à l'évidence de l'islamisme ; mais la foi des croyans et l'intercession de Mahomet les feront tous admettre à la félicité éternelle. Le bonheur des saints, des martyrs et de ceux qui seront parvenus à un certain degré de perfection, consistera dans la jouissance de plaisirs intellectuels ineffables mais tous les fidèles sans exception participeront à une profusion des plaisirs sensuels les plus exquis. Les décrets de Dieu sont absolus, et le bien ainsi que le mal qui doivent arriver à l'homme sont déterminés d'avance d'une manière invariable : cette doctrine est connue sous le nom de *fatalisme*.

Les Musulmans admettent l'existence d'anges, esprits purs et subtils émanés du feu, qui sont les ministres de la parole de Dieu. Ils croient que depuis l'origine du monde il a paru une suite de prophètes, tous exempts d'erreurs et de grands péchés ; six d'entre eux s'élevant progressivement l'un au-dessus de l'autre par un degré de mérite plus éminent, ont apporté successivement aux hommes de nouveaux commandemens de l'Éternel : ces prophètes sont Adam, Noé, Abraham, Moïse, Jésus et Mahomet ; chacun d'eux à son tour abrogea les lois données par son devancier. Plusieurs de ces prophètes avoient reçu de Dieu même des révélations de sa volonté par écrit ; toutes ces révélations se sont perdues, excepté le Pentateuque, les Psaumes, l'Évangile et le Coran. Les trois premiers livres ont été corrompus et falsifiés ; le Coran a été écrit par inspiration divine. Chaque mot, chaque lettre qu'il renferme, est *incréé*, incorruptible, et existoit dès l'éternité dans l'essence de Dieu : l'Éternel lui-même, par le ministère de l'ange Gabriel, les transmit à Mahomet, son dernier prophète, grand-prêtre au spirituel, souverain prince au temporel, qui, par ses forces surnaturelles et par conséquent irrésistibles, et par celles de ses successeurs, doit établir la doctrine du Coran dans tous les pays de la terre.

Ce livre ne prescrit pas la circoncision; cependant elle est usitée chez les Musulmans, comme institution divine révélée à Mahomet par Abraham. Ils ont une grande vénération pour deux endroits sacrés : l'un est le temple de la Mecque; il renferme le Caaba (Kéabé) ou la maison carrée bâtie par Ismaël en l'honneur du Dieu d'Abraham. Tout Musulman, dans ses prières, se tourne vers le temple de la Mecque; cette direction, commune à tous les peuples qui suivent la doctrine musulmane dans tous les pays du monde, est consacrée sous le nom de *Kibla*. Le second objet de la vénération des Musulmans est le temple de Médine, où le prophète a prêché et où est sa sépulture.

Tels sont les principaux rites de l'islamisme; mais son essence consiste dans la profession de foi que nous avons rapportée plus haut : proférer ces mots sacramentels, c'est déclarer que l'on embrasse l'islamisme. Les sectateurs de cette religion regardent les infidèles avec mépris et horreur; cependant ils abhorrent beaucoup plus les polythéistes, les idolâtres et les athées, que les Mages ou Guèbres, qu'ils regardent comme disciples d'Abraham, et que les Juifs et les Chrétiens, sectateurs des deux révélations qui ont précédé immédiatement la mission de Mahomet. Ils appellent les Juifs et les Chrétiens peuples de *la loi écrite*. Les premiers khalifes, ou successeurs de Mahomet, ne laissèrent aux polythéistes que l'alternative entre la mort et l'islamisme ; mais les peuples de la loi écrite eurent à opter entre la religion de Mahomet et un tribut pour racheter leur liberté de conscience ; par la suite on traita avec la même facilité tous les peuples soumis, quelle que fût leur croyance.

Mahomet a légitimé, dit-on, l'origine divine de sa doctrine par des miracles et des prophéties. On fait monter à trois mille le nombre des premiers ; cependant on ne trouve pas dans le Coran qu'il ait annoncé le pouvoir d'en opérer. Il vouloit qu'on regardât comme une preuve irréfragable de sa mission divine les succès miraculeux de ses armes ; il déclaroit que Dieu seul avoit pu produire un ouvrage, comme le Coran, qui réunit la grandeur de la conception à la sublimité de la doctrine, à la richesse et à l'élégance du style. Il prétendoit que le Coran lui avoit été révélé par parties, et à différens temps. Il dictoit ces morceaux à un secrétaire. Aboubekr, qui fut son successeur immédiat, en possédoit une copie très-soignée, qu'il déposa chez Hafsa, l'une des veuves du prophète ; on fit, d'après ce manuscrit, un grand nombre d'autres copies

L'an 3o de l'hégire, le khalife Othman ayant observé que, dans ces copies, il s'étoit glissé beaucoup de variantes, fit prendre, avec un soin extrême, quelques nouvelles copies sur l'exemplaire déposé chez Hafsa.

Mahomet déclara que la révélation faite par son ministère étoit la dernière, et qu'avec lui se terminoit la série des prophètes.

Le Coran ne contient pas seulement des préceptes religieux, mais aussi beaucoup de lois civiles et pénales, la prohibition de certains mets et du vin, ainsi que de l'usure; enfin des dispositions sur le paiement des dettes, sur le mariage, le divorce, les veuves, les successions et testamens; sur le serment, le meurtre, la fornication, l'adultère et le vol. Il est permis à un Musulman de prendre jusqu'à quatre femmes à la fois. La guerre contre les infidèles est partout représentée comme une des obligations sacrées. Les aumônes et la charité envers le prochain sont recommandées de la manière la plus précise. Les Musulmans chôment le vendredi.

Les Musulmans se partagent en un grand nombre de sectes. Quatre d'entre elles sont regardées comme orthodoxes, et ont chacune leur station particulière dans le temple de la Mecque. On les appelle *Sunnites*, parce qu'outre le Coran, elles admettent l'autorité de la Sunna, recueil fait par les disciples de Mahomet; il comprend des traditions relatives aux actions et aux discours du prophète; le silence qu'il observa dans certaines circonstances est même mentionné comme très-significatif. Ils admettent aussi l'autorité de l'*Idjma-y-ummet*, ou l'ensemble des diverses décisions données par les disciples du prophète, et surtout par les quatre premiers khalifes, Aboubekr, Omar, Othman et Ali, et celle des *Kiyass*, ou décisions canoniques des *imams mudjtehhids* ou interprètes des premiers âges de l'islamisme. Les Turcs, les Tatars et les Arabes sont Sunnites.

Toutes les autres sectes sont traitées d'hérétiques par les Sunnites, et appelées *Schiites*. Sous cette dénomination, on entend surtout les sectateurs d'Ali, quatrième khalife. Il étoit parent du prophète, et avoit épousé Fatima, sa fille chérie. A la mort de Mahomet (l'an 632), l'alliance du prophète et le mérite personnel d'Ali sembloient lui donner des droits à la succession; mais Omar la fit décerner à Aboubekr; celui-ci laissa (en 634) l'empire à Omar, qui eut (en 644) pour successeur Othman ou Osman. Après la mort de ce dernier (en 655), Ali fut proclamé khalife. Il ne régna que cinq ans; il fut assassiné. Son fils Hasan, qui lui avoit succédé, fut obligé d'abdiquer au bout de six mois (en 660), et le trône fut usurpé par Moawiah, de la famille des Omayades. Moawiah le transmit à ses descendans jusqu'en 750. Mais beaucoup de Musulmans conservèrent un attachement particulier pour Ali et ses enfans. Ils regardent les trois premiers khalifes comme des usurpateurs, et ne commencent la suite des successeurs légitimes de Mahomet qu'avec son gendre Ali, auquel ils assignent un rang presque égal à celui du prophète. Ils ajoutent même les mots suivans à la profession de foi musulmane : « Ali est le vicaire de Mahomet. » Ces sectateurs d'Ali rejettent la Sunna ainsi que toutes les autres traditions, et professent une vénération exclusive pour le Coran. La dignité d'imam, ou suprême pontife, fut, dès la mort du prophète, dévolue, selon leur sentiment, à Ali, et transmise par celui-ci de mâle en mâle, au douzième et dernier imam, dont Dieu a prolongé la vie, afin qu'il rende témoignage au Christ, lors de la seconde venue de celui-ci.

Jamais controverse religieuse n'a été agitée avec plus d'animosité et de fureur que celle qui divise les Sunnites et les Schiites. Les derniers ont dominé en Égypte, en Espagne et en Afrique; ils sont encore aujourd'hui les maîtres de la Perse et de quelques principautés dans les Indes. La haine religieuse a été, dans ces pays, la cause fréquente de séditions et de guerres civiles. Chaque secte maudit l'autre, et croit qu'il y a plus de mérite de tuer un individu d'une secte hérétique, que soixante-dix Chrétiens.

Les khalifes, ou successeurs de Mahomet, étoient en même temps les souverains des Arabes et leurs chefs spirituels. En cette dernière qualité, ils s'acquittoient eux-mêmes de certaines cérémonies religieuses, et prononçoient, dans les *mosquées* ou temples, certaines prières. Les grands-seigneurs ou empereurs des Turcs Othomans prétendent être entrés dans les droits des khalifes, et en prennent le titre. Ils sont les chefs suprêmes de la religion, comme l'étoient aussi en Perse les empereurs de la dynastie des Sofis, qui s'est éteinte en 1722. On appelle *moufty* les docteurs de la loi : celui qui réside auprès de la personne du grand-seigneur, jouit d'une grande autorité, et remplit, lors de l'inauguration d'un nouvel empereur, et après la mort du prince, certaines fonctions sacerdotales; mais dans toutes les autres occasions, il n'est que le chef de la magistrature.

Les autres ministres du culte sont divisés en cinq classes : les cheykhs, les khathibs, les imams, les muézzyns et les cayyms [1].

---

[1] Ce qui suit est tiré de l'ouvrage de M. *Castellan*, intitulé : *Mœurs, usages, costumes des Othomans*. Paris, 1812, 6 vol. in-18.

Les *cheykhs* sont les prédicateurs des mosquées. Les *khathybs* sont ceux qui, dans les prières du vendredi, remplissent les fonctions qui étoient autrefois attribuées aux khalifes mêmes. Les *imams* sont chargés des fonctions ordinaires du culte; ils assistent à la circoncision, au mariage et à l'enterrement des fidèles de la mosquée à laquelle ils sont attachés. Ils font la prière tous les vendredis. Les *muézzyns* annoncent, du haut de la galerie des tours des mosquées, appelées *minarets*, les heures de la prière, ou l'*ézan*. Cette annonce se renouvelle cinq fois par jour. Lorsque la voix du muézzyn se fait entendre, le Musulman de tout rang abandonne tout pour faire sa prière. Les *cayyms* sont les gardiens et les serviteurs des mosquées.

Les ministres de la religion ne vivent pas en communauté; ils ne prononcent aucun vœu ni serment; ils peuvent, quand ils le jugent à propos, quitter leur état.

Les Musulmans ont aussi une espèce de religieux qu'on nomme *dervyches*. Leur établissement ne provient pas de Mahomet, mais remonte à l'époque de ce prophète. Quelques enthousiastes se réunirent pour introduire entre eux la communauté des biens, et pour s'acquitter en commun de certaines pratiques religieuses. On les nomma *sufys*, mot dont l'étymologie est

incertaine ; on les appela ensuite *fakyrs* ou
pauvres, parce qu'ils renoncèrent à tous les biens
terrestres. Quelques-uns établirent des ordres
monastiques ; enfin leurs disciples portèrent par
humilité le nom de *dervyche*, pauvre. Ces sociétés
sont en très-grand nombre ; mais on en compte
trente-deux qui sont les plus distinguées. Les dervyches sont soumis à un noviciat régulier, et à
des pratiques de la dévotion la plus fanatique et
la plus superstitieuse.

On met encore au nombre des religieux maho-
métans une espèce d'Epicuriens, qu'on nomme
Calenderys ou Calenders, et qui mènent une
vie de plaisirs et de débauche.

Les Turcs considèrent le jeûne comme un pré-
cepte divin, surtout pendant la durée du mois de
ramazan. Ils s'abstiennent alors de tout aliment
depuis le lever du soleil jusqu'à son coucher.
Comme l'année des Turcs est lunaire, cette époque
avance annuellement de onze jours. Ainsi le mois
de ramazan fait, en vingt-neuf ou trente ans
musulmans, le tour de toute l'année. Les jeûnes
du ramazan sont suivis de la fête du *Beyram*,
qui dure trois jours, pendant lesquels les Musulmans se livrent à toutes les extravagances de la joie.

Tous les Musulmans libres et valides sont tenus
de visiter une fois dans leur vie le Caaba de la
Mecque. Ce pélerinage est appelé *Hadj*.

Les oiseaux, les animaux carnassiers et tous les reptiles sont réputés immondes, et ne doivent point servir d'aliment aux fidèles. La tortue, l'éléphant, et surtout le porc, sont également immondes, ainsi que les animaux aquatiques, à l'exception des poissons. Toutes les boissons enivrantes, telles que le vin et les liqueurs fortes, sont interdites aux Musulmans.

APPENDICE.

I.

De la Mythologie scandinave.

(Voyez page 189).

Nous connoissons le système religieux des peuples scandinaves par les poésies écrites en langue islandoise, et par les traditions qui se sont conservées jusqu'à nos jours. Ces monumens ont été recueillis dans deux collections qui portent le nom d'*Edda*. La plus ancienne est celle de *Sæmund*, Islandois, mort en 1133; l'Edda moderne a été composée par *Snorro Sturleson*, juge suprême de l'Islande, mort en 1241 : c'est un abrégé de la mythologie du Nord, en forme de dialogue.

On voit par ces anciennes poésies que les peuples du Nord ont reconnu un Être suprême, créateur de l'univers, et l'immortalité de l'ame. Ils donnoient à Dieu le nom d'*Alfadour* (mot auquel répond l'allemand *Allvater*, père de l'univers); ils supposent que cet Être suprême, après avoir achevé sa création, l'a abandonnée à un ordre de Dieux inférieurs, par lesquels commence une seconde création; ils croient encore que, lorsque le ciel et la terre auront été détruits et que les Dieux inférieurs auront péri, Alfadour reviendra dans toute sa splendeur pour créer un ciel nouveau et une terre nouvelle.

Les Dieux du second ordre, qui ont presque fait oublier à ces peuples l'idée d'un Dieu unique, base originaire de leur croyance, sont des hommes déifiés. Ils forment une famille de héros que la tradition fait venir de l'Asie, et qui, en mémoire de cette origine orientale, portent, dans la mythologie du Nord, le nom d'Asiates ou d'Ases, sous lequel ils sont constamment désignés.

Les chefs de cette famille sont trois frères, *Odin*, *Wile* et *We*, qui devinrent les maîtres du ciel et de la terre. Ils se bâtirent une ville, nommée *Midgard*, qu'ils fortifièrent contre les attaques de leurs ennemis implacables, les géans des glaces. Ils créèrent un homme nommé *Askour*, et une femme nommée *Embla*; de ce couple descend le genre humain.

Les Scandinaves ont personnifié le destin sous l'image de trois vierges, les *Nornes*. Elles s'appellent *Ourd* (le passé), *Werande* (le présent), et *Skould* (l'avenir). Elles savent tout; elles prévoient le sort qui attend les hommes et les Dieux : elles puisent leur science dans la fontaine du passé, *Wurdurborn*.

Les principaux Ases, après *Odin*, sont les suivans : *Thor*, le dieu de la force; *Balldour* ou *Balder*, fils d'Odin et de Frigga, le meilleur et le plus compatissant de tous; *Niordour*, le dieu du vent; *Frey*, qui dispense la pluie et le beau temps, et donne la fécondité à la terre; il est aussi le dieu de la paix; *Tyr*, le dieu de la guerre; *Braga*, le dieu de l'éloquence et de la poésie. Les Scandinaves ne représentoient pas leur Apollon sous les traits d'un homme dans la force de l'âge : Braga est un vieillard avec une longue barbe. *Heimdall*, le gardien du ciel; *Hoder*, qui est représenté comme aveugle; *Widar*, le dieu de la taciturnité; *Wile*, habile à se servir de l'arc; *Oullour*, divinité guerrière; *Forsete*, fils de Balder, dieu de la concorde; enfin *Loke*, l'ennemi des autres Ases, et l'auteur de la fourbe. Le messager des dieux est *Hermode*, fils d'Odin.

La reine des dieux, la première des Ases, est *Frigga*, l'épouse d'Odin, mère de Balder, de Braga, de Hermode et de Tyr. Déesse de la terre, elle porte aussi le nom de *Hertha* ou de *Jærth*. Parmi les autres déesses, nous remarquerons *Eira*, déesse de la santé; *Gefiona*, la protectrice des vierges; *Freya*, déesse de l'amour;

Lofn, celle de l'union conjugale ; *War*, qui préside aux sermens des époux ; *Idunna*, l'épouse de Braga, qui conserve, dans un vase d'or, des pommes, aliment dont les dieux font usage pour ne pas vieillir ; enfin les *Walkyres*, ou déesses des batailles, dont nous parlerons plus tard.

Aux yeux du Scandinave, la première vertu est la valeur guerrière. Les ames des héros morts dans les combats vont habiter *Walhalla* (salle des morts), où ils vivent dans la société d'Odin. Le pont qui les conduit de la terre à la demeure céleste est l'arc-en-ciel, que les dieux appellent *Bifrœst*, le chemin aérien. A l'extrémité de ce pont on trouve une forteresse gardée par Heimdall, qui ne dort jamais, et qui entend croître l'herbe et la laine des brebis. On traverse ensuite *Throudheim*, où demeure Oullour, et où l'on voit le palais de Thor, qui a cinq cent quarante étages. Enfin on arrive à *Asgard*, où les dieux habitent dans des palais d'or et d'argent. Les déesses ont leur demeure séparée, que l'on appelle *Wingoulf*. Il règne quelque obscurité sur la situation de *Walhalla* ; on y arrive par cinq cent cinquante portes ; celle de l'ouest, par laquelle entrent les morts, est remarquable par les dépouilles d'un loup et d'un aigle.

Les *Walkyres* (mot à mot : celles qui, par leur choix, désignent les guerriers qui doivent

mourir) conduisent à Walhalla les ames des
héros. Elles forment le tissu de la mort en em-
ployant du fer pour chaîne et des entrailles
d'hommes pour trame. D'autres traditions représentent ces déesses sous des traits moins terribles :
ce sont de jeunes et belles vierges, revêtues de
cuirasses et montées sur des chevaux ; les guerriers soupirent après le moment où elles leur
apparoîtront. Ministres des volontés d'Odin, elles
dirigent le sort des batailles, accordent la mort
aux guerriers qu'elles favorisent, et les conduisent
à Walhalla. Odin y reçoit les guerriers qui, dès
ce moment, sont appelés *Einheries* ou *Einsherie*
(commilitones). Dans ce séjour, leurs divertis-
semens journaliers sont des combats qui se pro-
longent jusqu'à l'heure du dîner. Alors ils rentrent
sur leurs chevaux dans Walhalla, et se placent
à la table d'Odin. Leur nourriture est la chair du
sanglier merveilleux, *Sœhrimner*, qui renaît tous
les soirs pour être mangé de nouveau le lendemain. Leur boisson est appelée *aul* (d'où viennent
les mots danois et suédois *œl*, et anglois *ale*) :
elle est fournie par une chèvre céleste, nommée
Heidrounn. Les *Walkyres* versent ce breuvage
aux convives. Le repas dure jusqu'au soir.

Odin préside au banquet ; tous les Ases mâles
y prennent part ; mais Odin n'a pas besoin de
nourriture ; seul il boit du *vin*. Cette boisson,

que les habitans de la Scandinavie ne pouvoient connoître que par une tradition qui s'étoit propagée parmi eux depuis les temps où leurs ancêtres habitoient sur les bords du Tanaïs, a des vertus miraculeuses : elle remplace toute nourriture. Aussi Odin donne-t-il sa part du festin à deux loups placés à ses côtés, et qui se nomment *Gere* (avide) et *Freke* (vorace). C'est à l'heure du dîner que reviennent de leur tournée les deux corbeaux, *Hougnin* et *Mounien* (raison et mémoire), qu'Odin envoie tous les matins sur la terre; ils se placent sur ses épaules, et lui rapportent tout ce qu'ils ont vu.

Les ames de tous les hommes qui ne sont pas morts en combattant, ou qui, par leurs exploits, n'ont pas mérité d'être traités avec la même faveur, ainsi que les ames des femmes, sont renfermées dans *Niflheim* (le monde des brouillards), où elles attendent le jour de la rémunération universelle. Niflheim existoit avant la création de la terre. Il est gouverné par *Héla*, fille de Loke et d'une géante, et sœur du loup *Fenris* et du serpent *Jormungandour*. Les dieux sachant que cette famille doit un jour devenir l'instrument de leur perte, ont pris des précautions contre elle. Héla fut exilée à Niflheim, et on lui donna l'empire des neuf mondes qu'il renferme, et où elle assigne des demeures différentes aux bons et aux méchans que la mort lui envoie. Elle habite le palais de la Misère; le plat dans lequel elle mange est la Faim; son couteau est l'Avidité. Elle a un extérieur hideux, un caractère infernal.

L'aventure de Balder pouvant servir à expliquer les idées que les Scandinaves se faisoient de l'empire de Héla, nous allons la rapporter.

« Le bon Balder ayant été tourmenté quelque temps par des songes qui lui annonçoient que sa vie étoit en danger, communiqua ses inquiétudes à ses confrères, les autres Ases. Ceux-ci tinrent conseil entre eux, et résolurent de prendre des mesures pour la sûreté de Balder. Sa mère, Frigga, manda toutes les créatures et exigea d'elles le serment de ne faire aucun mal à son fils. Le feu et l'eau, le fer et tous les métaux, les pierres et la terre, les arbres, les maladies, les quadrupèdes, les oiseaux, le poison et les reptiles prêtèrent le serment.

Après avoir pris ces mesures de précaution, les Ases, rassurés sur le sort de Balder, le placèrent au milieu d'eux, et s'amusèrent à l'attaquer chacun à son tour. Les uns lui tiroient des coups de flèches, d'autres le frappoient avec leurs épées, ou lui lançoient des pierres; mais rien ne put le blesser. Le méchant Loke en conçut une rage violente. Il prit la figure d'une femme, et alla voir Frigga. La déesse fit beaucoup de questions à cette femme inconnue; elle lui demanda, entre autres, si elle savoit de quoi les Ases s'occupoient dans leurs assemblées. Loke répondit : Les dieux attaquent ton fils sans pouvoir lui faire de mal. En effet, répondit la reine du ciel, ni le bois ni le fer ne sauroit le blesser; je m'en suis assurée par des sermens que toutes les créatures m'ont prêtés; il n'y a que l'arbrisseau Mistilteire, récemment planté hors la porte orientale de Walhalla, dont je n'ai pas voulu exiger cette promesse, parce qu'il me parut trop jeune pour cela. Loke, enchanté de cette découverte, disparut à l'instant, courut à Walhalla, arracha Mistilteire de la terre, et se rendit dans l'assemblée des Ases. Voyant l'aveugle *Hoder* placé hors du cercle que les Ases avoient formé autour de Balder, il lui dit : Pourquoi donc n'attaques-tu pas Balder? Parce que je ne le vois pas, et que je manque d'armes, répliqua Hoder. Ce n'est pas bien, dit Loke, de ne pas honorer Balder, comme font les autres; je t'indiquerai la place où il est; alors tu lui jeteras cet arbrisseau. Hoder prit Mistilteire, et, le bras dirigé par Loke, lança l'arbrisseau sur Balder. A peine l'eut-il atteint, que Balder tomba mort.

Cet événement effraya tellement les dieux, qu'ils en perdirent la parole. Ils n'osèrent punir le crime de Loke, parce que le lieu où ils se trouvoient étoit sacré. Un chagrin profond les avoit tous saisis; Odin surtout sentoit vivement la perte que le ciel venoit de faire.

Les Ases enlevèrent le cadavre de Balder, et le portèrent au bord de la mer, où son vaisseau, appelé *Ringhorn*, étoit retiré sur le sable. Ils dressèrent le bûcher sur ce vaisseau, et voulurent ensuite le lancer dans la mer; mais ils ne purent le mouvoir. Ils firent venir alors du pays des géans la magicienne *Hirrokinn*. Celle-ci arriva, montée sur un monstre, qu'elle dirigeoit avec des serpens au lieu de brides. Lorsqu'elle eut mis pied à terre, Odin ordonna à quatre géans de tenir la monture de la magicienne; mais ceux-ci n'y réussirent pas : il fallut terrasser le monstre. La magicienne s'approcha du vaisseau, s'appuya contre la poupe, et un léger effort suffit pour le dégager : les rouleaux placés sous la quille prirent feu, et la terre trembla. L'impétueux Thor fut tellement irrité, qu'il prit son marteau pour casser la tête à la géante; mais les Ases parvinrent à appaiser son courroux.

On posa sur le bûcher le corps de Balder, avec lequel on brûla celui de *Nanna*, son épouse, que la douleur avoit fait mourir, et son cheval favori. Thor consacra le feu avec son marteau. Tous les dieux assistèrent à cette céré-

monie : Odin, accompagné de ses corbeaux ;
Frigga, au milieu des Valkyres ; Frey, assis sur
un char attelé d'un sanglier ; Freya, dans un
autre char, traîné par des chats. Odin posa
sur le bûcher son anneau d'or, nommé *Droupner*, qui, dès ce moment, acquit une propriété bien singulière : chaque neuvième nuit il
s'en détachoit huit anneaux d'un poids égal au
sien.

Après que les corps eurent été réduits en
cendres, Frigga s'informa si, parmi les Ases, il
s'en trouvoit un qui, par amour pour elle, voulût
se rendre aux enfers, et offrir à la déesse Héla
une rançon pour qu'elle relâchât ce fils chéri.
L'agile *Hermode* s'offrit pour cette entreprise.
Monté sur *Sleipner*, le cheval miraculeux d'Odin,
il parcourut, pendant neuf jours et neuf nuits,
des vallées sombres. Enfin, le deuxième jour il
arriva sur les bords du *Giall*, fleuve des enfers.
Il passa un pont resplendissant d'or, que gardoit
la vierge *Modgoudour*. Elle demanda à Hermode
son nom et sa naissance ; puis elle dit : Hier,
cinq fois cinq mille morts ont passé le pont à
cheval ; ils ne le firent pas retentir plus fortement que toi. Pourquoi n'as-tu pas le teint livide
des morts ? Par quel motif viens-tu aux enfers ?
Hermode répondit : Je cherche Balder ; ne
l'aurois-tu point aperçu sur la route d'Héla ? Il

a passé le pont, dit la vierge, mais le chemin des morts est loin d'ici vers le Nord.

Hermode continua sa route jusqu'au moment où il fut arrêté par la porte grillée de l'enfer. Il descendit de cheval, serra les sangles, se remit en selle, donna des éperons à son coursier; d'un bond Sleipner sauta par-dessus la grille. Hermode trouva Balder, son frère, dans une grotte voisine, assis sur un trône élevé : il passa la nuit près de lui. Le lendemain il se présenta devant Héla, lui parla du chagrin que les Ases ressentoient de la mort de Balder, et la pria de lui permettre que son frère retournât avec lui à Asgard. Héla répondit : Voyons d'abord s'il est vrai que Balder est aussi vivement regretté que tu le dis. Si tout ce qu'est sur la terre, si tous les êtres vivans et ina-nimés pleurent sa mort, qu'il retourne auprès des Ases! Mais si la moindre créature refuse de pleurer, qu'il reste au séjour des morts!

Hermode ne put obtenir une réponse plus favorable. Balder sortit avec lui du palais d'Héla, et lui remit l'anneau *Droupner*, pour faire voir à Odin que son frère étoit venu le trouver. Nanna envoya à Frigga un joyau d'ambre et quelques autres présens.

Les Ases ayant eu connoissance de la décision de Héla, dépêchèrent des messagers aux quatre coins de la terre, et firent prier toutes les

créatures de verser des larmes pour retirer Balder
du séjour de la mort. Sur-le-champ toutes les
créatures versèrent des larmes ; les hommes pleurèrent ; les femmes pleurèrent ; la terre, les
arbres, les pierres et les métaux pleurèrent
comme si d'un froid très-âpre ils étoient subite-
ment passés dans une température chaude. Satis-
faits de ce spectacle touchant, les messagers se
mirent en route pour retourner à Asgard ; ils
aperçurent en chemin, dans une grotte écartée,
une magicienne nommée *Thock*. Ils lui deman-
dèrent une larme en faveur de Balder ; mais la
magicienne, qui n'étoit autre que le méchant
Loke, répondit aux messagers d'une manière déri-
soire, et rien ne put lui arracher des pleurs. C'est
ainsi que s'évanouit l'espoir de délivrer Balder
de l'enfer. »

Les Ases périront tous au grand jour de la
destruction, que les poètes appellent *Ragnaro-
ekour* (mot qu'un des commentateurs de l'Edda
traduit par *Deorum vel Asorum crepusculum*). Ce
jour sera suivi d'une régénération de toutes les
créatures.

Six hivers rigoureux seront les précurseurs de
la destruction de l'univers. Le soleil et la lune
seront dévorés d'abord par les loups *Skoll* et
Hate Hroetwitnisson, qui, par leurs poursuites
continuelles, ont forcé, depuis l'origine du monde,

Maani, dieu de la lune, et sa sœur *Sool*, déesse du soleil, de suivre sans interruption leur course rapide. La destruction de ces deux astres entraînera celle de tous les autres. Les Ases seront attaqués par leurs ennemis, les géans, assistés du loup *Fenris*, du serpent *Jornumgandour* et de tous les habitans de *Muspelheim*, monde de feu qui est antérieur à la terre. La forteresse *Bifrœst* sera renversée; la flamme dévorera le ciel et la terre; les Ases seuls resteront dans l'univers.

Alors commence un combat terrible. Odin conduit son armée. Le roi des dieux est dévoré par Fenris; mais Widar, fils d'Odin, marche sur la gueule ouverte du monstre, se saisit de sa mâchoire supérieure, et déchire Fenris. Thor combat le serpent, et reste vainqueur; mais il se noie dans le venin que ce monstre vomit contre lui. Les habitans méchans de Niflheim marchent contre ceux de Walhalla : leurs chefs, Loke et Heimdall, s'entretuent. La race d'Odin ne périra pourtant pas toute entière; quelques Ases seront sauvés et gouverneront le pays des dieux, après qu'Allfadour aura renouvelé le ciel et la terre. Widar, fils d'Odin, Wale et Balder, délivré des demeures d'Héla, s'entretiendront souvent des temps passés. Un couple d'hommes aussi seront sauvés; *Leifstraser* et *Lif* peupleront la nouvelle terre.

Dans le combat des sujets de Héla contre les

habitans de Walhalla, l'empire de cette déesse a été détruit par le feu : le temps de la rémunération est arrivé. Les bons vont jouir à *Gimle* (l'allemand Himmel, le ciel) de la récompense de leurs vertus ; le jugement d'Allfadour précipite les méchans à *Nastrond*, où ils seront tourmentés par des serpens.

Telle est, en abrégé, la tradition des anciens peuples du Nord sur la fin du monde et sur la régénération de toutes choses. Nous terminons cette notice, par la fable que l'Edda de Snorro raconte sur *Idunna*, épouse de Braga.

« Un jour Odin, Loke et un autre Ase prirent des figures humaines pour faire un voyage dans le pays des géans. Après avoir passé des montagnes et traversé des déserts, sans trouver une hôtellerie, ils arrivèrent dans une vallée agréable où paissoit un troupeau de bœufs. Fatigués de la longueur de la route, et pressés par la faim, ils tuèrent un des bœufs, et allumèrent un grand feu pour préparer leur repas. Une immense chaudière fut suspendue sur le feu : l'eau bouilloit à gros flots depuis long-temps, mais la viande ne cuisoit pas. Tous les efforts des dieux furent inutiles. Ils soupçonnèrent un sortilége, lorsqu'un aigle, perché sur un chêne voisin, leur annonça qu'ils ne réussiroient pas à préparer leur repas, à moins qu'ils ne lui en

donnassent une part. Odin et ses compagnons,
que la faim pressoit, se soumirent à cette condition. Aussitôt l'aigle vint se poser sur le bord du
chaudron, et commença à dévorer le bœuf, dont,
en un instant, il fit disparoître les côtes et deux
cuisses. Loke, qui jamais ne sut modérer sa vivacité,
prit une massue et en frappa l'aigle ; mais le gros
bout de la massue qui avoit atteint l'oiseau y resta
attaché, et Loke ne put plus quitter l'autre extrémité. L'aigle s'éleva dans les airs, et emporta
Loke suspendu à la massue ; dans son vol rapide,
il laissa au-dessous de lui les rochers et les montagnes, les forêts et les prairies. Loke eut le temps
de se repentir d'avoir pris une forme humaine ;
il craignoit que, d'un instant à l'autre, le poids
de son corps ne le séparât du bras, et qu'il ne
fût précipité dans les abîmes qu'il voyoit au-
dessous de lui. La situation n'étoit pas favorable
pour entrer en pourparlers avec l'aigle ; cependant il fallut en venir là pour finir ses tourmens.
Loke adressa à l'oiseau d'humbles prières ; mais
celui-ci ne le relâcha qu'après qu'il lui eut promis
par serment qu'au moyen de quelque ruse de
son invention, il entraîneroit hors d'Asgard *Idunna*
avec ses pommes d'or, et la livreroit à l'aigle.
Cet oiseau, qui convoitoit les belles femmes,
n'étoit autre que le géant *Thyasse*, souverain du
royaume de *Thymheim*, autrement dit *Jœtunheim*.

Voici comment le fourbe Loke s'y prit pour remplir son engagement. Il raconta à Idunna que, dans une certaine forêt, il avoit remarqué des pommes bien préférables aux siennes. La déesse ne put ajouter foi à ce récit. Pour l'en convaincre, Loke lui proposa de prendre ses pommes et de l'accompagner dans la forêt. La vanité fit perdre la tête à la bonne déesse; elle se laissa entraîner par Loke.

A peine Idunna et son compagnon furent-ils sortis des murs d'Asgard, que l'aigle Thyasse fondit sur eux, s'empara de la déesse et la transporta dans son royaume.

Le lendemain les Ases cherchent Idunna pour manger de ses pommes. Privés de cette nourriture rajeunissante, ils vieillissent soudainement; leurs cheveux grisonnent; des rides sillonnent leurs fronts. La désolation est générale. Le conseil s'assemble. On prend des informations, dont le résultat fait soupçonner Loke de quelque tour perfide. On l'appelle; on fait des préparatifs pour lui arracher un aveu par la torture. Loke n'attend pas qu'on en vienne à cette extrémité; il avoue son crime; il s'excuse par le danger pressant dans lequel il s'étoit trouvé, et promet de ramener la déesse de l'immortalité, si Frigga veut le changer en faucon, et lui communiquer le don de métamorphoser les autres.

Le cas étoit pressant : on consentit à tout. Changé en oiseau de proie, Loke se rendit à Jœtunheim. Thyasse et sa suite étoient allés à la pêche. Idunna, plongée dans la tristesse, étoit assise dans son appartement fermé d'une triple porte, dont le géant jaloux avoit emporté les clefs. Précaution insuffisante! Thyasse avoit oublié de fermer la fenêtre, et cette faute le perdit. Le faucon pénétra dans la chambre de la belle affligée, et vint se poser sur son épaule : bientôt il lui fit connoître l'objet de sa visite. Long-temps Idunna refusa de prendre confiance dans un fourbe qui l'avoit trahie; mais le temps se passoit, Thyasse alloit rentrer; Idunna pensa qu'il valoit mieux se livrer à un dieu que de rester au pouvoir d'un vilain géant. Changée en hirondelle, elle se place sur le dos du faucon, qui prend son vol vers Asgard.

Thyasse revenoit de la pêche au moment où on lui enlevoit sa proie; il n'eut que le temps de se débarrasser de ses habits pour se métamorphoser en aigle. Sous cette forme il poursuivit Loke, sans pouvoir l'atteindre à temps. En attendant son retour, et prévoyant ce qui arriveroit, les dieux avoient ramassé des branches d'arbres et des feuilles, et en avoient construit une espèce de bûcher sur la place d'Asgard; le faucon s'y laissa tomber. Au moment où l'aigle fondit sur

lui, les dieux mirent le feu au bûcher. L'aigle, à
qui la fumée avoit fait perdre connoissance, se
précipita dans les flammes et se brûla les ailes :
les dieux achevèrent de le tuer. Idunna fut reçue
avec des transports de joie. »

II.

*Du banquet que le Messie donnera au jour du
jugement, d'après le Thalmoud.*

(Voyez page 202.)

Ce banquet, connu sous le nom de *banquet
du léviathan*, aura lieu en paradis : tous les justes
et tous les bons Juifs y assisteront et y seront
servis par Moïse. L'idée de ce repas remplace
chez les Juifs celle de la félicité éternelle, et a
fait naître chez eux cette formule de serment : Que
je sois privé de manger du *béhémoth !* Ce béhémoth, ou bœuf sauvage, est le premier plat du
repas. Il a été créé le cinquième jour de la création : Dieu lui donna une femelle, mais il priva
l'une et l'autre de la faculté de produire, parce
que leur progéniture auroit changé le monde en
un désert. Le béhémoth mange journellement
l'herbe qui croît sur mille montagnes ; mais
toutes les nuits elle se renouvelle. Quelle que soit
la taille de cet animal, elle n'est rien en comparaison de celle du poisson *léviathan* : ce monstre
fut créé le même jour que le béhémoth ; mais Dieu
tua sa femelle, et en sala la chair pour en ré-
galer les Juifs un jour à venir. La terre repose
sur une des écailles du léviathan. Il est d'une
belle figure, et Dieu lui-même prend plaisir à

jouer avec lui ; les anges s'amusent à lutter avec
lui, sans pouvoir le vaincre. Il mange chaque
jour un poisson qui a cinq cents lieues de longueur. Lorsqu'enfin il sera question de prendre
le léviathan pour le tuer, les anges le tenteront en
vain : Dieu leur prêtera son assistance, et Gabriel
y réussira. Selon une autre tradition, Dieu pro-
curera aux bienheureux le spectacle d'un combat
entre le béhémoth et le léviathan. Après une lutte
longue et furieuse, le béhémoth tuera le léviathan
avec sa queue ; avant de mourir, le monstre
marin terrassera le bœuf avec une de ses écailles.

Rien de délicat comme la chair du léviathan ;
sa peau resplendissante est un trésor inappré-
ciable ; Dieu en distribuera à chaque Juif un
morceau proportionné au degré de sa sainteté ;
ils en feront des huttes, des chapeaux, des col-
liers et d'autres meubles.

Après le léviathan on servira aux élus l'oiseau
ziz-sadaï. Quand ce volatil étend ses ailes, il
éclipse le soleil ; un œuf qui tombe de son nid
écrase trois cents cèdres ; et, s'il se casse, il
inonde soixante villages.

III.

*Des Sabéens, Zabiens, Galiléens, Disciples
ou Chrétiens de Saint-Jean.*

(Voyez page 202.)

On appelle *Sabéens* ou *Zabiens* les membres
d'une secte religieuse qui se trouvent dans les
environs de Basra ou Bassora, dans quelques
parties de l'Arabie, de la Syrie et de la Perse,
ainsi que dans les possessions portugaises de
l'Indostan. Ils se nomment eux-mêmes *Mendaïe
de Jahiïa,* c'est-à-dire *Disciples de Jean :* ces
mots ont donné naissance à la dénomination de
Mendæi, Mendéens, sous laquelle quelques voyageurs en parlent. Celle sous laquelle ils sont le
plus connus en Europe est celle de *Chrétiens de
Saint-Jean ;* elle leur a été donnée par erreur :
ce peuple, bien loin d'être attaché au christianisme, nie que Jésus-Christ ait été le Messie :
mais comme il connoît l'usage du baptême, les
Orientaux qui regardent les mots de baptisés et
de chrétiens comme synonymes, lui ont donné
cette dernière qualification[1]. Quelques auteurs

---

[1] C'est le P. *Philippe,* qui, dans son Voyage d'Orient
(Lyon, 1652, in-8.°, p. 340), rapporte cet usage des
Orientaux.

le ont même regardés comme des Musulmans
de la secte des *Schites*[1]; mais les Sabéens ont
existé avant l'islamisme, puisque le Coran en
parle dans deux passages où ils sont opposés aux
Juifs et aux Chrétiens[2]. Pour dire vrai, les
Sabéens ne sont ni Chrétiens, ni Juifs, ni Maho-
métans; ils ne sont pas non plus, comme les
anciens Chaldéens ou Sabéens dont ils portent
le nom, adorateurs du firmament; leur religion
est fondée sur le judaïsme, mais ils y ont mêlé
les opinions des Chaldéens sur les anges et les
démons; à ce mélange ils ont encore ajouté
quelques préceptes de l'Évangile, et diverses
pratiques du christianisme.

Le premier écrivain qui ait fait connoître en
Europe les disciples de Saint-Jean est le père
Ignace ab Jesu, Carmélite, que la cour de Rome
avoit envoyé auprès des Nestoriens, et qui, en
1652, publia à Rome un ouvrage intitulé :
*Narratio originis rituum et errorum christia-
norum S. Joannis*, etc., dans un vol. in-8°. Les
renseignemens que ce missionnaire et ses successeurs, ainsi que les voyageurs des dix-septième

[1] *Adelung*, entre autres, est tombé dans cette singulière erreur.

[2] Le mot arabe dont se sert le Coran dans ce passage
(sur. 11, v. 62) est *Sabionna*. Maraccius l'a traduit par
Sabaitæ, et expliqué par *Sabæi*.

et dix-huitième siècles, et surtout *Engelbert Kæmpfer*, qui, en 1685, accompagna la légation suédoise en Perse [1], recueillirent sur cette secte, étoient incomplets et quelquefois contradictoires. Enfin, un savant Suédois, *Mathias Norberg*, donna une notice plus exacte sur les Zabiens, dans un mémoire qu'il transmit, en 1780, à l'académie de Gœttingue, et qui a été inséré dans le quatrième volume des Commentaires de cette illustre société.

Norberg avoit puisé ses matériaux dans quelques manuscrits en langue zabienne, dialecte du syrien, qui se trouvent à la bibliothèque impériale de Paris, où *Otter* et d'autres voyageurs les ont déposés, ainsi que dans les conversations qu'il eut à Constantinople avec un savant prêtre syrien, vicaire du patriarche des Maronites, et avec plusieurs autres individus de la même secte.

Les Zabiens se disent *Galiléens*. Leur secte paroît avoir été formée par ceux des disciples de Saint-Jean-Baptiste qui, après la mort de leur maître, ne suivirent pas Jésus-Christ. On voit en effet par quelques passages des Actes des Apôtres (XVIII, 24, 25; XIX, 1-5) qu'il exista, même hors de la Palestine, des prosélytes de la

[1] Voyez *Eng. Kæmpfer*, amœnit. exotic., fasc. V, Lemgov., 1712, in-4°.

doctrine de Saint-Jean qui avoient reçu le baptême tel que le précurseur du Christ avoit coutume de l'administrer. L'usage de ce baptême
s'est perpétué parmi les Zabiens ; et le prêtre ou
cheik, en baptisant les enfans parvenus à l'âge
de quarante jours, prononce ces mots : Je te
baptise du même baptême dont Jean a baptisé
ses disciples. Ils reconnoissent que Saint-Jean a
annoncé le Messie ; mais ils attendent encore ce
Messie ; ils conviennent, à la vérité, que Saint-
Jean a baptisé un homme qui étoit doué d'une
nature divine, et qu'ils appellent *Enosch utro*,
Homme-Dieu, ou *Manda di chaïe*, verbe de la
vie. Cet être extraordinaire avoit reçu, disent-ils,
du roi de la lumière le don des miracles ; après
avoir séjourné peu de temps sur terre, revêtu
d'un simulacre de corps, il retourna vers les
demeures de la lumière, et y ramena Saint-Jean :
mais cet envoyé de Dieu n'étoit pas le Messie ;
et ses disciples ont dénaturé et profané le baptême, en l'administrant au nom du Père, du
Fils, et du Saint-Esprit. Les prêtres zabiens
s'abstiennent de vin, et ne mangent d'autre
viande que celle de chameau. Dans leurs cérémonies religieuses ils distribuent aux assistans du
miel et des sauterelles. Ils chôment deux jours
de la semaine, le jeudi et le samedi ; ils célèbrent
de plus quatre fêtes par année en l'honneur de

Saint-Jean. La première s'appelle la *fête de la Nativité;* ce jour le prêtre distribue aux assistans un mélange de froment, de miel et de sauterelles, cuits ensemble. Lors de la *fête du Baptême,* tous les Galiléens renouvellent leur baptême; ils se rendent pour cela à la prochaine rivière, où ils se baignent; et quand ils en sortent, le prêtre, dépouillé de ses habits, la tête couverte d'un chapeau, et tenant une bannière à la main, les arrose d'eau, qu'il puise avec un vase, en prononçant ces paroles: Je renouvelle votre baptême, au nom du Père et de notre sauveur Jean; ainsi qu'il a baptisé les Juifs dans le Jourdain et les a sauvés; ainsi il vous sauvera aussi. Enfin, le prêtre lui-même entre dans l'eau pour être baptisé à son tour. La cérémonie achevée, tout le monde se rend au temple, où se fait une distribution de miel et de sauterelles. La troisième fête des Galiléens est celle de *la Mort.* Ce jour ils s'abandonnent à la tristesse, et chantent des hymnes lugubres. La quatrième fête est celle *du Miracle.* A son approche, tous ceux qui peuvent quitter leurs demeures font le pèlerinage de la Galilée; ils se rendent à un endroit où Saint-Jean tua, disent-ils, un monstre qui étoit sorti du lac Tibériade. Les Galiléens sont très-unis entre eux; leurs maisons sont ouvertes à tout le monde, et on y exerce l'hospitalité la plus

franche. Les hommes et les femmes ne sont pas
séparés, comme chez la plupart des nations orientales, mais vivent en société. Dans leur habillement et leur nourriture, les Galiléens ressemblent
aux Arabes; ils tirent leurs revenus de la culture
du tabac et de la fabrication d'étoffes de soie;
ces derniers sont l'ouvrage des femmes.

Les Maronites, au milieu desquels les Galiléens
vivent, ont tâché de détruire leurs livres sacrés:
aussi les Galiléens tiennent - ils ces livres fort
secrets; Otter doit avoir eu de la peine à se
procurer ceux qu'il a remis à la bibliothèque
impériale: on ignore s'il en existe d'autres en
Europe. Ces livres sont au nombre de quatre;
ils appellent l'un *Divan* ou Recueil, et prétendent
qu'il leur a été remis par les anges qui l'avoient
reçu de Dieu lui-même. Ce livre traite de la chute
des Anges, de la création de l'homme, et des
choses à venir. Le second livre est intitulé: *Sedraladam*, ou le livre d'Adam; il fut remis au premier homme par l'ange Raphaël. Le troisième
livre est le *Sedra Jahia*, c'est-à-dire le livre de
Jean, que ce prophète donna aux ancêtres des
Galiléens; il contient leur histoire sacrée. Enfin
le dernier, intitulé *Cholasteh* ou Complément,
contient les cérémonies religieuses de ce peuple [1].

[1] Nous donnerons à la fin de ce morceau une notice sur

Voici un passage extrait de ces livres :

« Adam et Ève ont été créés par la puissance de la lumière suprême. Le sommeil tomba sur Adam et Ève dans le jardin des arbres ; mais le mauvais ange du feu, qui est l'auteur du mal, renonça à ses devoirs envers le Seigneur. Alors mon Seigneur m'appela (c'est un ange qui parle) et m'ordonna et me dit : Va auprès d'Adam et d'Ève, appelle-les vers le roi suprême de la lumière, le maître de toute créature, et dis-leur qu'ils ne se laissent pas séduire par les méchans et les diables ; enjoins-leur d'adorer le souverain roi de la lumière trois fois le jour et deux fois la nuit, et dis-leur : Vous vous abstiendrez d'adultère et de vol ; vous n'aimerez pas le mensonge ; vous ne vous rendrez pas coupables d'homicide ; vous ne convoiterez pas l'or et l'argent ; vous n'adorerez pas Satan et ses idoles. Le roi de la lumière, le souverain arbitre du monde entier, jugera les ames de tous les hommes, selon leurs œuvres. Vous ne vous ferez pas instruire dans les prestiges de Satan, ni ne rendrez un faux témoignage. Vous n'intervertirez pas la justice : quiconque intervertira la justice sera jeté dans un

les manuscrits sabéens qui se trouvent à la bibliothèque impériale, rédigée par M. *Silvestre de Sacy*, et que cet illustre savant nous a permis de publier.

brasier ardent. Donnez l'aumône aux pauvres ;
quand vous aurez donné, ne le publiez pas ;
mais si vous avez donné de la droite, vous le
cacherez à votre gauche ; si vous avez donné de
la gauche, vous le cacherez à la droite. Honorez
vos pères et mères et les vieillards ; malheur à
celui qui méprisera son père et sa mère ! Quand
vous verrez un homme nu, habillez-le ; quand
vous verrez un fidèle en captivité, vous le déli-
vrerez ; ce n'est pas avec de l'or et de l'argent
que vous le tirerez des ténèbres à la lumière, du
mal au bien, des infidèles aux fidèles, de l'erreur
à la vérité ; vous n'emploierez pour cela que la
parole pure. Dans votre boire et dans votre
manger, dans votre sortie et dans votre rentrée,
et dans tout ce que vous ferez, vous louerez et
exalterez le nom de votre Seigneur. »

Voici l'oraison des Galiléens :

« Que le Seigneur de la gloire soit adoré !
Nous avons mal agi, pardonne-nous nos péchés :
toi qui es bon et miséricordieux, aie pitié de
nous ; toi qui es sage et puissant, que ta bonté ait
pitié de nous ; souverain roi de la lumière, écoute
notre voix suppliante : O Seigneur, qui manifestes
ce qui est caché, nous avons vu le Dieu de la
gloire, nous avons entendu la délivrance de tous
les fidèles ! O toi qui soutiens tous les bons, créateur de tout ce qui est bien, dispensateur de

tous les dons, donne-nous la force. Libérateur
de tous les fidèles, délivre-nous de tout le mal;
sauveur des ames, sauve-nous de tous les péchés;
exterminateur de toute malice, déracine en nous
la perdition et la colère; toi qui éclaires l'ame,
nous te demandons la force. Seigneur de toute
gloire, que ta gloire repose sur nous! Toi qui
donnes la main aux pacifiques, donne-nous ta
main, afin que nous ne tombions pas; si tu nous
soutiens sur le chemin de l'éternité, nous ne nous
écarterons pas de ta voie. Toi qui es la véracité
même, rends-nous véridiques, afin que, distin-
guant la vie de la mort, la lumière des ténèbres,
le bien du mal, la vérité de l'erreur, nous domp-
tions la colère par ta miséricorde. Toi de qui
ceux qui sont éclairés ont reçu la lumière; toi
qui as étendu le firmament par ta force, qui
envoies l'eau vive, qui conserves les ames, con-
serve-nous; toi dont les apôtres de la vérité ont
reçu leur mission, source de toute sagesse, que
ta colère ne s'appesantisse pas sur nous. Nous
sommes de misérables pécheurs, que nos fautes
ne t'irritent pas; notre œil a connivé au mal,
notre oreille l'a entendu; notre bouche a prononcé le mensonge, notre main a commis le vol
et a fait le mal; notre corps s'est souillé par
l'adultère. O notre Seigneur! ne nous accable
pas de ta colère; pardonne-nous nos fautes,

nous sommes esclaves des péchés; aie pitié de nous, Seigneur de toute création et de toutes les âmes; que ton nom soit loué! »

NOTICE des Manuscrits sabéens qui se trouvent à la Bibliothèque impériale de Paris, par M. Silvestre de Sacy.

1.º *Quatre grands volumes in-folio.*

Le *premier*, coté n.º 22, contient une note d'*Otter*, conçue en ces termes : « *La Loi écrite « d'Adam.* C'est ainsi que l'ont nommée plusieurs « Sabéens des moins ignorans que j'ai fait venir « pour me dire de quoi traitoit ce grand livre. »
Écrit à Howaïza, sur la rivière de Karka, l'an 1091 des Arabes.

Le *deuxième*, coté *Colbert.* 1715. *Reg.* 309. *A.*, porte en dedans de la couverture cette note : « Acheté à Bassora par *J.-F. Lacroix* fils, le « mois de juillet 1674; » et sur le premier feuillet : « *Livre d'Adam.* »
Écrit à Macram ou Asker Makram, sur la rivière de Karka, dans le territoire de Howaïza, l'an 968 des Arabes.

Le *troisième*, coté *Colbert.* 382. *Reg.* 309. *B.*
Écrit à Macram, sur la rivière de Karka, l'an 1042 des Arabes.

Le *quatrième* n'a aucun numéro. Il a été arraché quelques feuillets au commencement et à la fin qui pouvoient contenir quelques renseignemens.

Écrit sur la rivière de Samani, l'an 1100 des Arabes.

Ces quatre volumes sont quatre exemplaires du *Sedraladam*, ou Livre d'Adam; mais ce titre ne se trouve point dans les notes mises au commencement ou à la fin par les copistes sabéens.

Chacun de ces volumes est composé de deux parties, l'une plus longue, que je nomme la première, et l'autre moins longue, que je nomme la seconde. Elles sont écrites en sens inverse l'une de l'autre, de manière que quand on tient le volume dans le sens convenable pour lire la première partie, la seconde se trouve renversée le haut en bas. Chaque partie commence à une des extrémités du volume, et elles se rencontrent vers le milieu.

La première partie est nommée, dans les notes des copistes sabéens dont j'ai parlé, simplement *Sedras*, ou, plus au long, *Sedras ou Leçons et livres des anges, et paraphrases de ce monde*.

La deuxième partie est nommée *Discours de l'ame*.

Il manque une partie de la note qui termine

les Discours de l'âme dans le quatrième exemplaire, le feuillet ayant été arraché.

Le *Sedraladam* forme deux volumes dans la copie faite, en 1685, par le savant *Piques*, docteur de Sorbonne. Cette copie, qui faisoit partie du legs par lui fait aux Dominicains de la rue Saint-Honoré, est actuellement réunie à la Bibliothèque impériale. La copie de *Piques* a été faite d'après le manuscrit de Colbert, 1715 (309 A), page pour page et ligne pour ligne, et collationnée sur le manuscrit de Colbert 582 (309 B).

2.° *Deux volumes in-4.° ou petit in-folio.*

Le *premier*, coté *Colb.* 2919. *Reg.* 309 C., a été écrit à Kalafabad, sur la rivière ou le canal nommé *Medi Scharabe*, qui est le canal Meserkan, l'an 1039 des Arabes.

Le *deuxième*, sans aucun numéro, a été écrit à Devrak, sur le même canal, l'an 1102 des Arabes.

Ces deux volumes sont deux exemplaires d'un ouvrage nommé *Discours des anges*.

Dans la copie de *Piques*, cet ouvrage forme un volume. Cette copie a été faite, page pour page et ligne pour ligne, sur le manuscrit de Colbert, 2919 (309 C).

Dans le premier des deux manuscrits des Discours des anges, on a recollé les feuillets 2 et 3, mais à contre-sens, et en prenant la marge extérieure pour la marge intérieure, d'où il résulte que les pages 3, 4, 5 et 6 sont transposées.

Dans le deuxième manuscrit, qui est dérelié, il manque le premier feuillet qui répond aux deux premières pages de l'autre manuscrit, et aux cinq premières lignes et partie de la sixième de la troisième page.

3.° *Un volume in-8.° ou petit in-4°.*

Ce volume, sans numéro, a été écrit à Hémélé sur la rivière de Karoun, l'an 1122 des Arabes.

Il contient un recueil liturgique nommé *Antiennes et Discours* (ou Leçons) *pour le baptême et la sortie* (de ce monde).

Cet ouvrage forme aussi un volume dans la copie de *Piques.* Cette copie a été faite sur un autre manuscrit écrit à Kamalava, et daté de l'an 978 des Arabes.

Le manuscrit de la Bibliothèque impériale, et celui dont *Piques* s'est servi, ont, l'un et l'autre, des lacunes, et se complètent l'un par l'autre.

Dans le manuscrit de la Bibliothèque, il y a, entre le cinquième cahier et le sixième, une lacune qui comprend depuis le troisième mot de la sixième ligne de la page 70 de la copie de *Piques,* jusqu'au quatrième mot de la onzième ligne de la page 85.

Le contenu de ce manuscrit finit à la page 149 de la copie de *Piques.* Cette copie contient, depuis la page 149 jusqu'à la page 160 et dernière, une portion qui ne se trouve pas dans le manuscrit.

Réciproquement le manuscrit que représente la copie de *Piques*, avoit une lacune que *Piques* a observée en la copiant, au bas de la sixième page de sa copie. Cette lacune comprend la page 6 de notre manuscrit, à commencer des deux derniers mots de la quatorzième ligne, les pages 7, 8, 9, 10, 11, 12, 13 et 14, et la première ligne de la quinzième page.

Il est vraisemblable que, dans ce volume comme dans les trois autres, *Piques* a copié le manuscrit original page pour page et ligne pour ligne.

Que ce manuscrit ait existé dans la bibliothèque de Colbert, c'est ce dont on ne peut douter. On le trouve indiqué dans un ancien catalogue des manuscrits de Colbert, intitulé *Catalogus librorum manuscriptorum bibliothecæ Colbertinæ*, in-fol., couvert en peau jaune, coté au dos 59, et écrit de la main d'*Étienne Baluze*, qui est conservé à la Bibliothéque impériale. Les manuscrits paroissent y être inscrits par ordre d'acquisition, et non par ordre de matières. On n'y trouve que quatre manuscrits sabéens, sous les numéro et avec les indications suivantes :

N.° 582. *Codex Sabieus, in quo liber qui vocatur Sedraladam, i. e. Ordo Adami.*

N.° 1715. *Codex Sabieus, vocatus liber Adam.*

N.° 2919. *Codex Sabieus, in quo legenda Angelorum.*

N.° 4108. *Codex Sabieus, in quo monita et præcepta quæ Manda dedit populis qui se ab eo Mandæos appellant, et ab aliis vocantur Sabæi.*

On a vu que les n.° 382, 1715 et 2919 de Colbert sont les mêmes qui sont cotés *Reg.* 309 *A*, *B*, *C*. Quant au n.° 4108 de Colbert, qui devoit être un exemplaire du même ouvrage que nous avons classé sous le chiffre 5, il ne se trouve pas dans la Bibliothéque impériale.

Une note de M. *Fourmont*, du 6 juin 1741, nous apprend qu'il a eu entre les mains les manuscrits de Colbert, 1715, 382 et 2919, et un quatrième manuscrit du même genre, qui est vraisemblablement le même que j'ai indiqué sous le chiffre 5. M. *Fourmont* dit qu'il est défectueux dès le quatrième feuillet, ce qui n'est pas vrai de celui-ci; mais il commence, comme celui dont parle M. *Fourmont*, par les mots *Marai mschaba*.

En lisant cette note de M. *Fourmont*, on croiroit qu'il a connu la langue dans laquelle ces livres sont écrits, et qu'il en a lu au moins une partie. Mais on se tromperoit sans doute; car il n'a pas entendu le premier mot, *mschaba*, qu'il traduit toujours *revertere*, et qui signifie *laudatus*. Cette faute vient de ce qu'il n'a pas reconnu dans ce mot la suppression d'une gutturale. *Mschaba* est pour *mschabah* ; mais, sans la connoissance de cette suppression des lettres gutturales, on ne peut rien entendre au dialecte des Sabéens. Le même M. *Fourmont* parle de ces manuscrits dans un Mémoire lu à l'Académie des Belles-Lettres, en 1756, et qui se trouve dans le Recueil de l'Académie, T. XII, page 16.

4.º Outre les volumes décrits dans cette notice, il y a encore quelques feuilles détachées d'un manuscrit sabéen de format in-folio.

Le second des deux manuscrits que j'ai mis sous le chiffre 2, et celui mis sous le n.º 3, étant déreliés, j'en ai coté les feuillets au bas de chaque *recto*, pour éviter qu'ils ne soient égarés ou déplacés.

5.º Cette notice étoit achevée, lorsque l'on me remit un manuscrit sabéen en forme de rouleau, que l'on venoit de découvrir dans la bibliothéque des manuscrits. Il étoit renfermé dans un petit carton, sur lequel étoit écrit au crayon *Syr.* c'est-à-dire Syriaque.

Ce rouleau commence, comme tous les manuscrits sabéens, par les mots *Marai mschaba* (Que mon Seigneur soit loué.) On lit aussi en tête le nom du copiste *Sam Zehron bar Mamana*.

Suivant la note qui commence ce manuscrit, il contient les *Questions faites par Hebel Ziva à Nebat raba*.

Dans la note qui commence le manuscrit, on lit : *Ce sont là les huit visions précieuses , et les mystères cachés ou les demandes que Hebel Ziva-le-Veillant a faites à son père Nebat-le-Grand.*

Ce manuscrit a été écrit à Howaïza. La date en est exprimée d'une manière si obscure, que je ne puis la donner pour certaine. Je soupçonne que c'est 1067 de l'hégire.

De tous les manuscrits sabéens de la Bibliothèque impériale , celui-ci est le moins bien écrit.

———

IV.

*De la manière dont le sacrement de l'Eucharistie
est célébré dans l'Église grecque; tiré de
l'Histoire de l'Église grecque et de l'Église
arménienne, par* Ricaut. *Amsterdam*, 1710,
in-12.

(Voyez page 211.)

Dans le chœur de chaque église près de
l'autel, il y a une table que l'on nomme *Pros-
thésis* (προσθέσις), ou le *lieu de préparation*, et
sur laquelle l'on met le pain et le vin de la
communion. Le pain est rond[1]. Le prêtre le prend
en sa main, et le marque trois fois du signe de
la croix, avec une petite lance, accompagnant
l'action de ces paroles : *En mémoire de notre
Seigneur Dieu et Sauveur Jésus-Christ.* Ensuite
il enfonce sa lance dans cette partie du pain,
qui est à sa main droite, en disant ces mots : *En
mémoire de notre Seigneur Dieu et Sauveur
Jésus-Christ, qui a été mené à la tuerie comme
une brebis ; et comme un agneau sans tache,
muet devant celui qui le tond, il n'a pas ouvert
sa bouche.* Enfonçant sa lance dans la partie supérieure, il dit : *Son jugement est venu, lui étant*

[1] Le boulanger y imprime les caractères IC. XC. NK.
qui signifient Ἰησοῦς Χριστὸς νικᾷ, c'est-à-dire Jésus-Christ
a vaincu.

en humilité; et en l'enfonçant dans la partie inférieure, il dit : *Qui déclarera sa généalogie?* Alors
il sépare du reste du pain ce qui est destiné pour
la communion, qu'il doit recevoir lui-même, et
le met sur un des côtés du plat. Il enfonce
encore une fois la lance dans le pain, et dit : *Un
des soldats ouvrit son côté d'une lance, et incon-
tinent il en sortit du sang et de l'eau.* A ces
paroles, on verse le vin et l'eau dans le calice,
et on les mêle pour représenter la Passion de
Jésus-Christ. Après cela, le prêtre coupe une
seconde partie du pain, et en forme une espèce
de triangle, disant : *A l'honneur et en la mémoire de notre bienheureuse dame Marie, mère
de Dieu, Vierge perpétuelle, par les prières de
laquelle nous te supplions, Seigneur, de recevoir ce sacrifice sur ton autel céleste.* On met ce
triangle à la gauche du premier, en prononçant
ces paroles : *La Reine étoit vêtue d'un habit
d'or,* etc.

Aussitôt le prêtre prend la troisième partie du
pain, de laquelle il coupe de la même manière
un petit morceau avec sa lance, et le place sous
le premier, désigné pour lui-même, et dit : *De
l'honorable et glorieux prophète, Jean-Baptiste,
précurseur de Jésus-Christ.* Il en prend un second,
et le met au-dessous de l'autre, en disant : *Des
saints et glorieux prophètes Moïse, Aaron, Élie,*

et de tous les autres saints prophètes. Il en prend un troisième, et le met sous le second, en disant : *Des saints apôtres Pierre et Paul, et de tous les douze apôtres.* Ainsi finit le premier rang.

Le prêtre coupe après cela un autre petit morceau des parties qui restent du pain, et le met près des premières, en disant : *De nos saints pères et prélats, de Basile-le-Grand, de Grégoire-le-Divin, de Jean-Chrysostôme, d'Athanase, de Cyrille, et de tous les saints docteurs.* Il en prend un autre morceau, et le met immédiatement sous le premier, en disant : *De l'apôtre premier martyr et archidiacre, Étienne, et des saints martyrs Démétrius, Grégoire, et de tous autres martyrs.* Il en prend un troisième, et le met sous le second, avec ces paroles : *Des saints confesseurs Antoine, Euthyme, Sabba et Onuphrius.*

Ensuite il prend un autre petit morceau, et le place sous l'angle gauche de cette partie qu'il doit recevoir, et dit : *Des saints et admirables Anargyres, Cosme et Damien, de Cyrus et de Jean-le-Miséricordieux.* Sous celui-ci il en met un autre, en disant : *Des saints père et mère de la béate Vierge, Joachim et Anne.* Enfin, il prend un neuvième morceau, à l'honneur de S. Chrysostôme, dont la liturgie se lit ce jour-là ; et il nomme aussi le saint à qui le jour est dédié.

Ces neuf morceaux représentent les neuf hiérarchies des anges, et appartiennent à l'office, en mémoire et à l'honneur des saints et des martyrs qui ont quitté cette vie.

L'offertoire pour les vivans suit celle des morts. Le prêtre prenant du pain, un autre petit morceau, dit : *Souviens-toi, Seigneur, qui aimes le genre humain, de chaque prélat chrétien*, nommant particulièrement l'évêque du diocèse et celui qui lui a conféré les ordres. Il le met à sa droite, en nommant tous les vivans qui se sont recommandés à leurs prières, et surtout ceux qui ont payé pour faire dire cette messe.

Enfin il prend un autre petit morceau de pain, et le met à sa main gauche, en mémoire des fondateurs de l'église, et des pères, mères et amis de ceux qui, en mourant, ont laissé de quoi faire dire cette messe.

Les choses ainsi disposées pour la communion, le prêtre élève une espèce d'étoile d'argent, et la tient suspendue sur le pain, qui doit être consacré. Il prononce alors ces paroles : *L'étoile s'arrêta sur le lieu où étoit l'enfant*; et répète quelques prières fort courtes, et quelques éjaculations, par lesquelles il supplie la bonté divine de le purifier et de le rendre digne d'offrir cet auguste sacrifice. Il marche du lieu de l'offertoire, en lisant l'épître et l'évangile du jour, pour représenter que les apôtres allèrent par tout le monde prêcher l'Évangile et planter la foi chrétienne. Après cela, revenant à sa place, il prend le pain et le vin, les couvre; et, avant que la consécration soit achevée, c'est-à-dire, comme ils l'expliquent eux-mêmes, avant la transsubstantiation, il les pose sur sa tête, et fait une procession autour de l'église. Cependant le peuple se prosterne, adore le sacrement, et fait le signe de la croix; couchant sur le chemin les malades et les infirmes, afin que le prêtre passant par-dessus eux, ils puissent, à la faveur des rayons et des influences du sacrement, recevoir une guérison miraculeuse. J'ai trouvé fort étrange que les Grecs adorent les espèces avant la consécration, auquel temps on ne peut pas dire que la transsubstantiation soit faite. J'en ai même témoigné ma surprise à quelques-uns de leurs prêtres; mais ils n'ont jamais pu m'en donner aucune raison, si ce n'est qu'ils adorent les espèces comme étant sur le point immédiat d'être converties au corps et au sang de Jésus-Christ.

Après cela, on dit le *Credo* ou le Symbole des apôtres; ensuite on lève le Ἄϊερ, ou le voile qui couvre les espèces; et, pour représenter le vent et le souffle du Saint-Esprit, qui illumina et inspira les apôtres lorsqu'ils dressèrent les articles de notre sainte foi, on agite l'air au-dessus du pain, avec une espèce d'éventail. Enfin on lit les paroles dont les Protestans se servent à la consécration : *En la même nuit en laquelle il fut trahi, il prit le pain, et, après avoir rendu grâces, il le rompit*, etc. En suite de quoi on dit cette prière, outre plusieurs autres oraisons particulières : *Seigneur qui envoyas autrefois ton Saint-Esprit à la troisième heure, aie la bonté de ne le point retirer de nous ; mais plutôt donne-le-nous, à nous qui t'invoquons. Seigneur, purifie nos cœurs au-dedans de nous.* Cette prière se répète trois fois, avec la tête inclinée ; et après cela, le prêtre se levant, dit d'une voix basse : *Seigneur, écoute ma prière ;* et élevant sa main pour bénir l'eucharistie, il ajoute : *et fais que ce pain devienne le corps de Christ saint. Amen.* Ici, tout l'ordre de la consécration étant fini, le prêtre avance et dit : *Tu es mon Dieu ; tu es mon roi ; je t'adore en piété et avec foi.* Et ainsi, couvrant le calice qui renferme les deux espèces, il en fait l'élévation, et le peuple adore.

Alors le prêtre communie, et mange de cette partie du pain qui, dans le temps de la préparation, avoit été divisée en quatre morceaux. Il prend les trois autres et les met dans le calice, dont il boit trois fois avec beaucoup de dévotion. Après avoir communié, il administre le reste au peuple, lui donnant les deux espèces dans une cuiller. Cela fait, on porte le calice à la table de préparation, qui est à côté, où sont aussi les restes qui avoient été mis à part, et consacrés à la mémoire des vivans et des morts. Le prêtre en prend quelque peu, et distribue le reste aux communians. La messe ainsi achevée, il essuie le calice avec beaucoup de soin, de peur que s'il y demeuroit quelques restes du sacrement, ils ne fussent indignement traités.

C'est la coutume de l'église grecque de garder le sacrement pour l'usage des malades ; mais jamais il n'est exposé à la vue du peuple, si ce n'est au temps de la célébration : et encore n'est-il exposé alors que dans le calice, couvert d'un voile.

Une pratique très-louable de la même église est celle-ci : Qu'avant que ceux qui se présentent à la communion osent approcher de l'autel et recevoir ce divin mystère, ils se retirent dans le fond de l'église, et demandent pardon à l'assemblée, priant toutes les personnes qu'ils peuvent avoir offensées de vouloir leur faire grâce. Si dans ce temps-là, il y en a qui se plaignent d'avoir reçu quelque injure de celui qui se présente à la communion, il se retire, et s'abstient du sacrement jusqu'à ce qu'il ait fait une réparation raisonnable à la partie offensée. Voici les paroles dont ils se servent : *Pardonnez-nous, très-chers frères, car nous avons péché par nos discours et par nos actions.* À quoi le peuple répond : *Dieu vous pardonne, frères.*

FIN.

Russie
Polonois
(Lettows)
MER NOIRE
Turcs

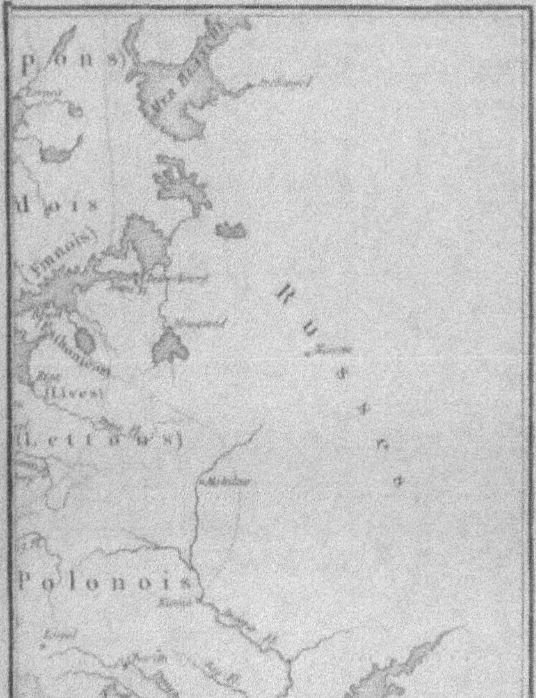

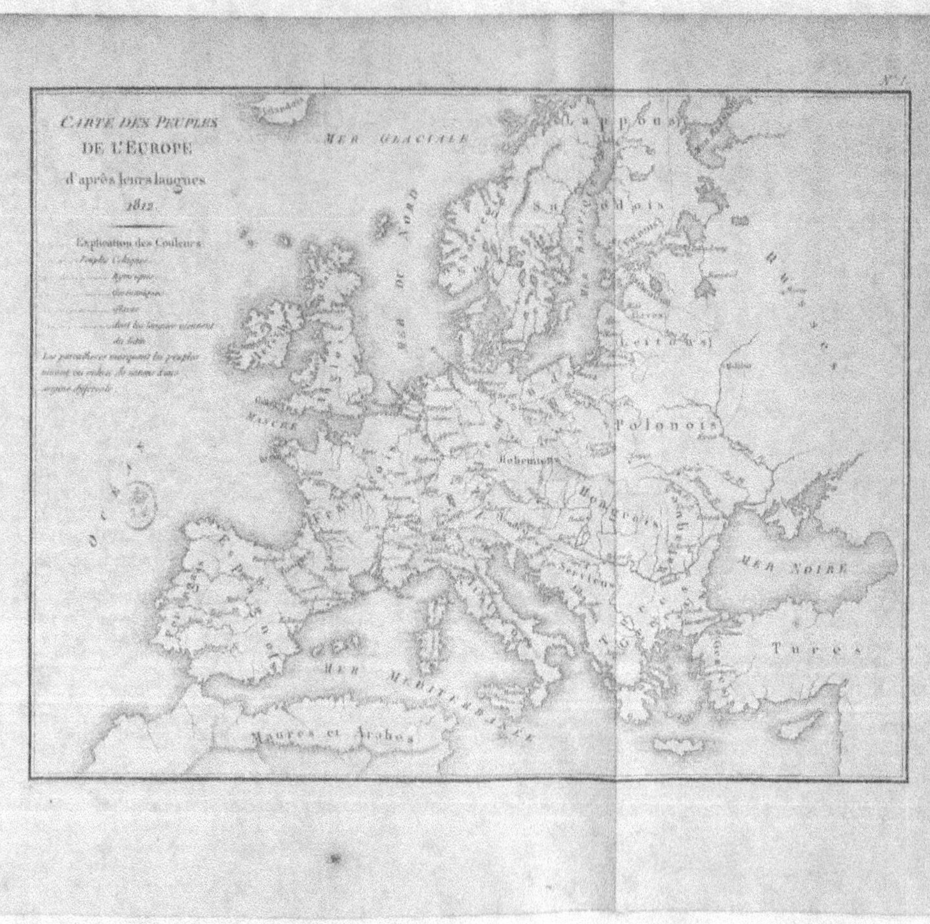

CARTE DES PEUPLES
DE L'EUROPE
d'après leurs langues
1812
Explication des Couleurs
Peuples Celtiques
Germanique
Esclavons
Slaves
dont les langues viennent
du latin
Les parenthèses marquent les peuples
vivant au milieu de ceux d'une
origine différente
MER GLACIALE
MER DU NORD
OCÉAN
MANCHE
Lappons
Suédois
Russes
Lettons
Polonois
Bohemiens
Hongrois
Serviens
MER NOIRE
Turcs
MER MÉDITERRANÉE
Maures et Arabes

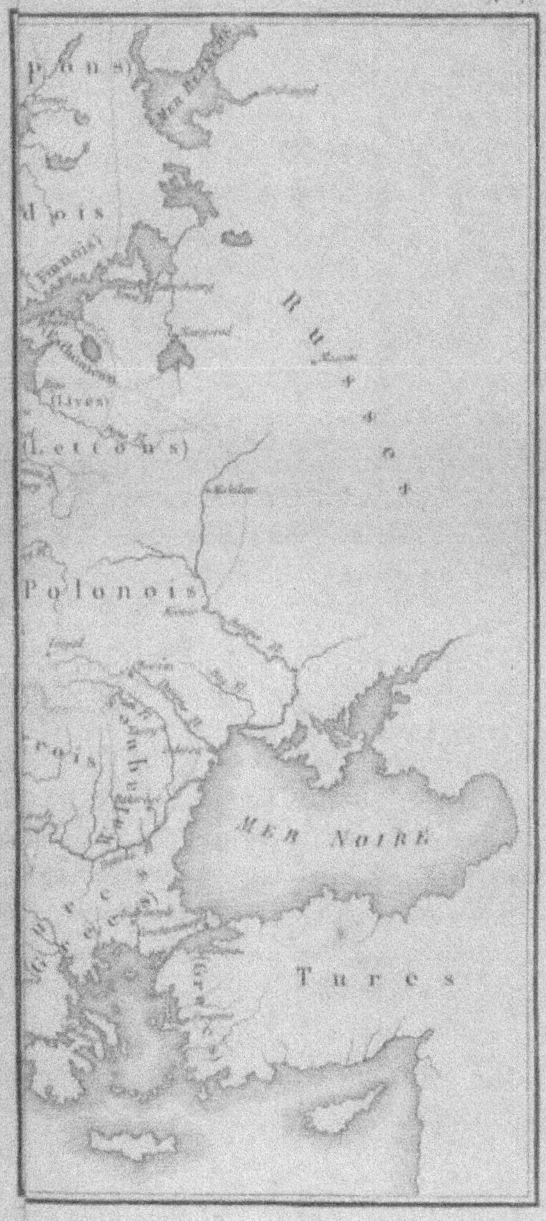
Mer de
Russes
Polonois
(Lettons)
(Livon
MER NOIRE
Turcs
Marmara

CARTE DE L'EMPIRE FRANÇOIS
AVEC LE ROYAUME D'ITALIE ET LES PROVINCES ILLYRIENNES
d'après les nations qui les habitent.
1812.
France.
Royaume d'Italie.
Provinces Illyriennes.
Anglois
Hollande
Russie
Pologne
Bohemiens
Hongrois
Allemands
François
Espagnols
Italiens
Istrie

TABLE
DES MATIÈRES

22*

TABLEAU DES RELIGIONS QUE PROFESSENT LES PEUPLES DE L'EUROPE.

Introduction.

Fin de la Table des Matières.

FAUTE A CORRIGER.

Page 176, lignes 2 et 5 : *Frantcka, Frantkalu;* lisez *Frantcka, Frantchalu.*

A AJOUTER:

Page 51, après le mot Breyzadn, la note suivante : *Breyzad* ou *Breizad,* le Breton ; au pluriel, *Breiziz. Breizadez,* la Bretonne ; au pluriel, *Breizadezed. Brézounek* est le nom de la langue.